法政大学イノベーション・マネジメント研究センター叢書 | 16

MBAの
ナレッジ・マネジメント

集合知創造の現場としての社会人大学院

洞口 治夫【著】

文眞堂

はしがき

修士論文最終段階

　ある年の12月31日。家の大掃除を終えて、紅白歌合戦のはじまる前の時間帯に、私はドリンクバーのあるファミリーレストランにいました。目の前には、大柄な若者が座っています。私は赤鉛筆で紙に忙しく書き込みをしており、若者はそれを覗き込んでいます。

　その時、私たちは、社会人大学院の修士論文原稿を最終的にチェックする作業をしていたのです。すでに大学の建物は年末年始の休館となっていて入構することはできません。社会人大学院生の彼は、私の自宅と同じ地下鉄沿線に住んでいたので、数週間前から、このファミレスで会うことを予定していたのでした。修士論文の提出期日は翌年の1月9日。あと1週間あまりで書き直しを行わなければなりません。

　彼が作成した修士論文に掲載されるべき文献リストもまだ不完全で、それを書き直すだけでも2日間はかかるでしょう。私が原稿に鉛筆でコメントを入れ、1ページごとに渡していきます。目の前に座る学生さんは、そのコメントの意味が理解できるかどうか即座に目を通していきます。コメントの意味を理解して、限られた時間で修正できるかどうかを判断しなければなりません。1週間で直せる内容と直せない内容がありますから、直せない内容が多く残ってしまい、かつ、論文で示す研究のなかの重要なポイントとなる場合には修士論文の最終評価が低くなることを覚悟しなければなりません。その意味では重苦しいやりとりが続きます。

　この学生さんは無事に修士論文を作成し終えて、高い評価を獲得したのですが、この話は決して美談ではありません。なにかの歯車が食い違っていたために、年末、それも大みそかに指導教授と修士論文の書き直しについて相談をしなければならなくなったのです。その歯車の食い違いは、どこにあっ

たのでしょうか。

十分なオリエンテーションの必要性

　本書は、社会人大学院生となって仕事をしながら大学院で勉強をする方たちのための学習ガイドブックです。旅行に出かけるときにガイドブックを手にしていたほうが、迷ったり、時間を浪費したりすることが少ないのと同じように、大学院で学ぶときにもガイドブックを手にしていたほうが、効率的に学ぶことができるでしょう。

　大学院に合格すると4月にはオリエンテーションが行われます。必要単位、授業時間、履修要項の記載事項、学生証の入手とインターネットIDの利用方法などが説明されます。これらは、いわば事務的なオリエンテーションです。実際に大学院の学習がはじまると、こうした事務的なオリエンテーションだけでは不足することが多々あることに気づくでしょう。

　本書は、学期始めに行われる数時間のオリエンテーションでは伝えきれない「大学院生活の送り方」に関するアイデアをまとめたものです。本書をガイドブックとして手にすることで、他の誰もが手にすることのできない「あなた」だけの知的な経験を積み重ねることができるでしょう。

　私は、法政大学大学院で1996年から夜間修士課程の社会人大学院生のために国際経営論を教えてきました。「夜の知識産業」に従事して20年以上の時間がすぎたことになります。また、土曜日にスケジューリングされた科目として修士論文の作成指導も担当してきました。そうした経験から、社会人大学院生に共通する学習の落とし穴と悩みとを知ることができたように思います。その経験から得たアドバイスと、大学院で学ぶということの秘訣を本書を通じてお伝えしたいと思います。

　社会人大学院生が2年間という時間を費やして学ぶことが大変であるように、大学教授という立場で夜間の授業を担当することは、想像以上にたいへんな仕事でした。夜6時30分に授業がはじまり、9時40分に授業が終了します。授業での出席を出席簿に転記したり、宿題の採点をして、翌週の準備などをすませて大学を出ると、帰宅するのは深夜になります。修士論文指導

のためには土曜日にも授業を行い、大学院入試のためには日曜日に出勤します。卒業判定のためには、社会人や留学生を対象にした修士論文の口述試験をします。それも土曜日・日曜日に設定されています。

夜間大学院の授業を担当すると、教授はそれなりの負担を背負います。土曜日・日曜日には学会活動という研究集会への参加予定もあるのですが、社会人大学院の試験はそれに優先します。とりわけ子供が小さいときには、土曜日・日曜日が出勤日となることで、小学校で行われる、一生に一回しかない、かけがえのないイベントを見逃すことにもなります。教育と研究と家庭生活との両立はいつの時代にも常に難しく、精神的に辛いものなのでしょうが、この20年間、社会人大学院生を指導することは、私にとっては本当にたいへんな仕事であったと実感しています。

そのような意味で、社会人大学院生が、昼働いて、夜学ぶことの辛さは十分に理解できます。朝から夕刻まで働き、通学時間を使って大学院の授業に参加するだけで、かなりの忙しさになります。繁忙期には、授業を夜9時40分に終えてから、仕事場に戻っていく学生さんもおられました。修士課程の2年間という限られた時間とはいえ、家庭生活と仕事と学業を両立させることは困難な課題です。

「先生の授業の宿題をこなすために、恋人と不仲になりました」という学生もいましたし、「先生の授業の宿題を学友に教えていたら仲が良くなって結婚しました」という学生カップルもいました。

夜間の社会人大学院で学ぶ、ということは、教わる側にも、教える側にも大きな負担がかかっているものです。そうした経験のなかで社会人大学院生に共通にみられる傾向を文章にしてまとめ、社会人大学院生の誰もが陥りやすい誤りを少なくしたい、というのが本書執筆の動機です。社会人大学院生の立場からすれば、スムーズに学習を進めていくことは充実感と達成感をもたらすものでしょう。

本書に記した内容は、授業のなかで私がほぼ毎年喋ってきた内容でもあります。なぜ毎年喋ってきたかと言えば、毎年、同じような試行錯誤を繰り返す社会人大学院生がいたからです。社会人大学院生がどれほど優秀であっても、また、そうであればあるほど、同じような間違いを犯すことは、興味深

い事実です。本書を読めば、その事例と理由とが理解できることでしょう。

　私は、毎年、同じようなことを喋り、同じような話を繰り返してきました。教育の根幹となる部分は繰り返して説いていかざるを得ないのです。私の声が届く範囲は限られています。それに、授業で喋ったことを聞いた時には、すでに時遅し、ということも多々あります。本書に記した内容を修士課程2年生の優秀な社会人大学院生に説明したところ、

　「もっと早く言って下さい」

と真剣に言われたこともあり、それが本書執筆の動機となっています。

各章の構成

　本書は社会人大学院への合格を目指す人、また、すでに合格した人を対象にしています。大学院を受験する前に、1週間くらいの時間をかけて本書に目を通してもらいたいと希望しています。本書を読み通すことに、それほどの時間はかからないでしょうが、本書を手にしながら自分の未来を想像する時間として1週間ほどの時間をかけてもらいたいと思います。それは楽しい時間のはずです。

　大学院に合格したら、本書のなかのいくつかの章を念頭において大学院でのオリエンテーションに出席すれば、有意義な大学院生活を送ることができるでしょう。本書は、読者である「あなた」にしか成し得ない、充実した大学院生活を過ごすための本です。

　「序章・MBAの受験対策」では、大学院への受験に必要な準備書類の作成方法について説明します。

　「第1章・知識欲の管理」では大学院での履修登録での考え方を説明します。この段階で間違いを犯すと、1年間を棒にふることになります。厄介なことに、間違いを犯した人が間違いであったことを認識するのは、翌年になってからなのです。

　「第2章・授業参加の方法」では大学院の授業で求められる参加の方法について解説します。どのような学習態度を示すことが高い成績評価につながるのか。どのような学習態度が豊かな認識につながるのか。自分を伸ばす授

業とはどのようなものか、を解説します。

「第3章・論文を読む」では、大学院生に求められる基本的な作業を解説します。社会人大学院生のなかには、論文など一本も読んだこともない学生さんもおられます。良い修士論文を書くためには、良い論文を読まねばならないのですが、それらをどのようにして探すのか、を解説します。

「第4章・学会の意味」では大学の研究者が参加する学会の意味について説明します。論文を読み、修士論文を作成したのちの発表場所を考える必要があるからです。

「第5章・実証研究の方法」では修士論文やリサーチペーパーを作成する手順とその内容について解説します。「理論」と「実証」という単語も、ビジネスでは使わない単語であるに違いありません。大学という学問研究の場においては、それが極めて重要な概念であることを説明します。

「第6章・ロジカル・シンキング」では、論文の文章を書いていくうえで必要な要素技術とも言える論理的な思考方法を説明します。自分は営業成績が良く、人を説得する力がある、と思う人は、ぜひ一読してみて下さい。いわゆる説得力とロジカル・シンキングとはまったくの別物であることがわかるはずです。

「第7章・仮説の構図」では、論文作成の肝となる仮説を導出するプロセスを説明します。仮説を立てて、その検証を行う、という作業の楽しさを説明したいと思います。

「第8章・研究成果の表現技術」では、大学院での学習成果をまとめる段階を説明します。

「第9章・英語学習で遊ぶ」では、リスニングとスピーキングを上手にするためのコツをまとめておきました。英文読解が得意な人のなかにも、絶望的に日本人的な発音で英語を読んでいる人がいます。ネイティブ・スピーカーに近い発音は、帰国子女にならなくとも身につけることができます。その基本的なルールを説明していきます。

「第10章・教授は何を評価するのか」では、授業での評価基準をまとめておきました。

「第11章・何を仕事に活かすのか」では、社会人大学院修了後に期待され

る大学院修了者像をまとめました。大学院を修了しなければ手に入れられないものは何なのか、を示唆しておきました。

「第12章・経営理論は自分でつくる」では、MBAを獲得して職場に戻った「あなた」にとっての次の課題、つまり、自分で経営理論をつくるという課題の重要性とその方法を概説します。

各章は、おおまかに大学院入学準備から修了後までの時間軸に対応しますが、どの章から読んでもかまいません。特に「第9章・英語学習で遊ぶ」は、即効性のある上達法となっていますから、最初に読んで、ご自分で練習をしながら他の章を読んでいく、という方法もあるように思います。これは、バスケットのドリブルやシュートの仕方を解説してある本を読むようなものです。本を読むだけでは上達しません。反復練習が必要です。

社会人大学院で手にいれることのできるものは何なのか。本書を読んで理解を深める方々が増えることを期待しています。

著者

もくじ

はしがき ……………………………………………………… i
 修士論文最終段階 ……………………………………… i
 十分なオリエンテーションの必要性 ………………… ii
 各章の構成 ……………………………………………… iv

序章　MBAの受験対策 ……………………………… 1
 思い立ったとき ………………………………………… 1
 履歴書と資格 …………………………………………… 2
 志望理由書をどう書くか ……………………………… 2
 研究計画書をどう書くべきか ………………………… 4
 打ち明けるべきか、隠すべきか ……………………… 5
 集合知研究の意義 ……………………………………… 7

第1章　知識欲の管理 ………………………………… 10
 入学と履修手続き ……………………………………… 10
 科目のとりすぎに注意する …………………………… 11
 リサーチ・ペーパー（修士論文）は一年生から準備する …… 14
 研究では体系性を意識する …………………………… 16
 本を借り構成を知る …………………………………… 18

第2章　授業参加の方法 ……………………………… 20
 クラス・パティシペーション ………………………… 20
 理論づくり ……………………………………………… 21
 ケースメソッド ………………………………………… 21
 意思決定 ………………………………………………… 23

教科書とシラバス …………………………………………………… 25
　　　授業で求められる意見 ……………………………………………… 27
　　　グループワークとプレゼンテーション …………………………… 28
　　　テーマ設定の自由 …………………………………………………… 30

第 3 章　論文を読む …………………………………………………… 32

　　　論文の存在理由 ……………………………………………………… 32
　　　日本語文献検索 CiNii ……………………………………………… 33
　　　年表を作成する ……………………………………………………… 34
　　　英文学術雑誌の電子ジャーナル …………………………………… 36
　　　Google Scholar の「引用元」……………………………………… 36
　　　論文の質 ……………………………………………………………… 37
　　　要旨の使い方 ………………………………………………………… 39
　　　参考文献リストをチェックせよ …………………………………… 39

第 4 章　学会の意味 …………………………………………………… 41

　　　日本の学会 …………………………………………………………… 41
　　　学会の効能 …………………………………………………………… 43
　　　海外の学会 …………………………………………………………… 44
　　　学問の先端は交流から生まれる …………………………………… 46
　　　学者の能力を評価せよ ……………………………………………… 47
　　　出版力の評価 ………………………………………………………… 51

第 5 章　実証研究の方法 ……………………………………………… 54

　　　理論研究と実証研究 ………………………………………………… 54
　　　MBA でできること ………………………………………………… 55
　　　定性的研究と定量的研究 …………………………………………… 57
　　　インタビュー調査 …………………………………………………… 58
　　　被調査者の秘匿 ……………………………………………………… 60
　　　アンケート調査 ……………………………………………………… 61

インターネットによるアンケート調査 …………………… 63
参与観察 ……………………………………………………… 64
アクション・リサーチ ……………………………………… 65
一次資料と二次資料 ………………………………………… 66
休暇の使い方 ………………………………………………… 68
定量的研究 …………………………………………………… 69

第6章　ロジカル・シンキング …………………………… 71

アカデミック・ライティング ……………………………… 71
事実と意見 …………………………………………………… 72
分類と類推 …………………………………………………… 73
演繹 …………………………………………………………… 75
数学的帰納法と後ろ向き帰納法 …………………………… 77
背理法とアリバイ …………………………………………… 81
パラドックス ………………………………………………… 84
三段論法 ……………………………………………………… 86
必要条件と十分条件 ………………………………………… 88

第7章　仮説の構図 ……………………………………… 91

仮説思考 ……………………………………………………… 91
経験則と仮説と法則 ………………………………………… 93
命題と仮説 …………………………………………………… 94
仮説のようなもの …………………………………………… 96
仮説の形式 …………………………………………………… 97
仮説の検証 …………………………………………………… 98
実証の方法 …………………………………………………… 99
反論の余地 …………………………………………………… 101

第8章　研究成果の表現技術 …………………………… 104

研究成果の種類 ……………………………………………… 104

授業内レポートの作成 …………………………………… 105
　社会人大学院生に求められる国語力 …………………… 106
　カット・アンド・ペーストと脚注 ……………………… 110
　修了要件の意味 …………………………………………… 111
　編・部・章・節・項・小見出し・段落 ………………… 112
　「はじめに」の意義 ……………………………………… 114
　先行研究のサーベイ ……………………………………… 116
　論文のタイトル …………………………………………… 119
　論文のなかの「結論」 …………………………………… 120
　図表 ………………………………………………………… 121
　参考文献 …………………………………………………… 122

第9章　英語学習で遊ぶ ……………………………………… 124
　選択肢の問題 ……………………………………………… 124
　音読の効用 ………………………………………………… 126
　エリジョン（elision） …………………………………… 127
　リンキング（linking） …………………………………… 128
　アシミレーション（assimilation） ……………………… 130
　ＴのＬ化 …………………………………………………… 131
　ローマ字読みからの脱却 ………………………………… 132
　好きな俳優を探す ………………………………………… 133
　ボキャブラリー数の推定 ………………………………… 133
　オブジェクト・ベースド・ラーニング ………………… 135

第10章　教授は何を評価するのか ………………………… 138
　絶対評価と相対評価 ……………………………………… 138
　授業参加 …………………………………………………… 139
　グループワーク …………………………………………… 140
　期末レポート ……………………………………………… 141
　読解力の提出 ……………………………………………… 142

データ分析の緻密さ ……………………………………… 143
　　作業の深さ ………………………………………………… 144
　　現象と概念 ………………………………………………… 145
　　間接話法と表現力 ………………………………………… 147

第 11 章　何を仕事に活かすのか ………………………… 150

　　社交性 ……………………………………………………… 150
　　美しい文章と論理的思考能力 …………………………… 151
　　仮説思考 …………………………………………………… 151
　　能力構築能力 ……………………………………………… 153
　　チーム・ビルディングと個の力 ………………………… 153
　　勉強会の組織 ……………………………………………… 155
　　相互批判を許す文化 ……………………………………… 156

第 12 章　経営理論は自分でつくる ……………………… 158

　　日本企業の取締役員 ……………………………………… 158
　　MBA を獲得したら ………………………………………… 159
　　定石と定跡とセオリー …………………………………… 160
　　経営戦略と理論 …………………………………………… 161
　　何のための理論か ………………………………………… 163
　　眼に見えないものの観察 ………………………………… 164
　　理想状態の設定 …………………………………………… 167
　　使い捨てるための仮説 …………………………………… 168
　　自分のための経営理論 …………………………………… 169
　　身の回りの経営理論 ……………………………………… 170

あとがき ……………………………………………………… 173

　　誤解された MBA の役割 ………………………………… 173
　　経営学説史の意義 ………………………………………… 174
　　集合知の再認識 …………………………………………… 175

参考文献……………………………………………………………… 176
索引………………………………………………………………… 179

序章　MBAの受験対策

〈キーワード〉
MBA (Master of Business Administration)、履歴書、志望理由書、研究計画書、集合知

思い立ったとき

　MBAでの学習を思い立ったときが吉日です。MBAへの受験準備を始めましょう。MBAの受験対策は、さほど複雑なものではありません。履歴書、志望理由書や研究計画書を提出し、面接試験を受けるのが基本です。英語や経営学などの受験科目は必須ではないのです。現在でも英語の語学試験を課している社会人大学院もありますが、それを必須要件とはしていない大学院も多数あります。大学院のホームページを注意深く読み、受験に必要な書類をひとつずつ作成していきましょう。

　MBAとはMaster of Business Administrationの略であり経営学修士と訳されます。学部卒業者への名称としてはBachelorつまり学士があり、博士課程修了者にはDoctorすなわち博士の学位が与えられます。修士号を獲得した人は、学部卒業者よりも高度な専門性を持ち、かつ仕事にその専門性を活かせる人であることが期待されています。学部卒業と博士課程修了の中間にある修士号が、どのような意味で具体的に役に立つのかは、以下、本書全体で説明していきます。

　MBAの学位を授与する日本の大学院には、研究者の育成を主たる目的とする経営学研究科をもつ大学院と、高度職業人への教育を目的とする専門職大学院とがあります。二つの異なる制度が併存しているのですが、教育内容が大きく異なるものではありません。前者が修士論文という研究成果を求めるのに対して、専門職大学院では事業計画書といったビジネスのプランニン

グによって修士論文の代替としているケースがある、といった違いがあります。もちろん専門職大学院でも修士論文やリサーチ・ペーパーといった呼称で研究成果を求める場合もあります。経営学は、大学院と専門職大学院という二つの制度のもとで教えられていますが、その制度の差よりは、教えている教員の差が大きいことに注意して志望するべき大学院を探して下さい。

履歴書と資格

提出書類のなかには履歴書があります。履歴書に記載する内容に困難を感じる人は少ないでしょう。事実を年月ごとに正しく記載すれば良いのです。やや迷う部分があるとすれば、資格の記載欄でしょう。要するに、持っている資格をすべて並べるのではなく、面接で自分に有利になる資格を記入することをお勧めします。

普通自動車免許と書いても特段プラスにはなりませんが、マイナスにもなりません。実用英語検定2級、と書いたとすれば、特段プラスにはならず、むしろ「実用英語検定準1級は合格しなかったのだな」と思われることを覚悟しなければなりません。「英検には関心がなくて受験すらしなかった」という言い訳は通用しないでしょう。「TOEIC850点」と記載するのは良いのですが、面接官から突然、英語で質問されたときにニッコリと笑って返答できる実力が必要です。

志望理由書をどう書くか

提出書類の第一関門となるのは、志望理由書です。「なぜ、この大学院を志望したのですか」という質問に自分なりの答えを出しておく必要があります。志望理由書については、「こう書かなくてはいけない」という正解がないだけに、自分の職業人としての生き方が反映された内容が期待されます。

私が教えてきたMBAの修了生と懇親会をしますと、大学院を志望した当時の本音に近いものを聞くことができます。「職場から大学院までの通学時間が20分だったから」というのも重要な本音であり、学習を支える条件で

しょう。夜間大学院は夜6時30分に始まります。6時に仕事を終えて大学院に向かうか、5時30分に終えなければならないか、は大きな違いです。ただし、通学時間は補助的な条件にすぎません。そのほかの、いくつかの重要な本音を分類してみますと以下のようになります。

　MBA取得の動機にかかわる第一の分類は、職場環境と呼びうるものです。自分の上司や取引相手先の担当者がMBAを取得していることを名刺に書き込んでいたりすると、「あの人が取れるのならば、自分にも取れるだろう」という心理が働くようです。良かれ悪しかれ、学歴には自己と他者とを差異化する働きがあります。差異化の発想は、「とりあえずは大学を出ておくように」と言われて大学に進学する高校生と似ています。大学院で何を学ぶことができるのか、については無頓着なまま、まずはMBAという肩書きのために合格を目指すことになります。

　第二の分類は、将来の転職に向けた布石です。自分の勤めている会社の業績が悪くなり、55歳からの早期退職制度が導入されて退職金が割り増しになり、新入社員の採用が停止になり、ボーナスの支給額が減額になり、会社のなかの一事業部門が分社化されて他社に吸収合併されれば、誰しも「この会社は大丈夫だろうか」と感じるでしょう。このまま会社に留まるべきか、それとも転職するべきか。すぐに転職するにしても、数年後に転職するにしても、MBAを持っておくことで転職に有利に働くのではないだろうか。そう考えて大学院を志望する人たちがいるようです。MBA取得のメリットを活かす現実的な考え方でしょう。

　第三の分類は、学部のころから大学院進学を希望していたが、家庭の事情で働かざるを得なかったという勉強好きな人たちです。本を読むことが好きで、大学の卒業論文作成に熱中した経験があり、大学教授の仕事について理解しようとしている人たちです。修士課程の次には3年間の博士課程があり、社会人にも道が開けていますから、長い道のりなのですが、それを希望する人たちもいます。

　こうした志望理由は、どれも理解可能なものです。ただし、志望理由書の作成にあたっては、その表現方法には一工夫が必要です。直接的な表現をしてしまえば、「デキの悪い上司がMBA取得を自慢するので、そいつを見返

すため」、「将来性の乏しい会社から転職するため」、「夏休みの長い大学教員になるため」ということになりますが、そう直接的に書いてしまっては味気ないでしょう。もう少し「ものわかりの良い人」になってポジティブに状況を把握してみましょう。仕事に疲れて充血した眼で志望動機をまとめるのではなく、たっぷりと睡眠をとって、スッキリとした頭脳で志望理由をまとめてみましょう。

　かりに、「あなた」の眼の前にはデキの悪い上司がいるとしても、その人がMBAを取得していることで、何か「あなた」に知的な刺激を与えてくれてはいなかったでしょうか。たとえ、自分の勤める会社の将来性が乏しいと感じたとしても、「あなた」がそのように認定する根拠は具体的に何で、会社にはどのような経営上の問題が潜んでいると推定されるのでしょうか。その推定こそがMBAでの学習の目的となりうるのです。

　志望理由書には、そうしたことを具体的に書くべきなのです。つまり、MBAを受験するに至った理由を、ひとつ高い次元からまとめる文章力が問われています。自分を客観的に見つめ、自分の上司を相対化してながめ、自分の会社の将来性を真剣に考える、といった作業を行うことで志望理由書ができあがります。自分の上司をながめる、という作業は、企業内の組織を観察する、という作業にほかなりません。「あなた」の勤める会社の組織には、どのような特徴があるのでしょうか。

研究計画書をどう書くべきか

　履歴書、志望理由書と並んで重要なのは研究計画書です。社会人大学院生として学ぶ2年間の修士課程で、どのような研究をしたいと考えているのか、この点をまとめたのが研究計画書です。研究計画書の中心をなすのは、その研究課題の核心をなす学術的な「問い」、すなわち、リサーチ・クエスチョンと呼ばれるものです。このリサーチ・クエスチョンは本書第8章で再論するように、「あなた」の修士論文作成までつながる研究課題です。

　もちろん、入試のときに抱いていた疑問と、修士論文で具体的に研究する疑問とが一致するとは限りません。2年間の学習のなかで研究課題が変化す

ることは十分にありうることです。入試のときに要求されるのは、修士課程で解き明かしたい課題について、自らが十分に意識をして課題解決の方法について、できるだけの下調べをしているかどうかです。

　良い研究計画書には、いくつかの条件があります。第一は、独創的であること。つまり、従来の経営学の教科書では解答が得られない謎に突き当たっていること。第二は、「あなた」自身の職業上の経験に関連した謎であること。つまり、仕事での具体的な経験に支えられた謎であること。この第二の条件が、第一の条件である独創性にもつながります。「あなた」が実際に経験した内容は、「あなた」にしかできない経験であり、独創的なものなのです。第三の条件は、研究の実行可能性です。自分にできないことを研究計画に書くことはできません。第四の条件は、第三の条件を満たした実行可能な研究でありながら、完遂するには困難な課題に取り組んでいることです。

　何が困難な課題なのかは、人によって異なります。例えば、英語でインタビュー調査をすることを研究計画書に書き込む人は、英語で喋り、聞き取り、それをノートに書き留める能力があることを前提としているでしょう。アンケート調査をして統計解析にかけることを計画する人は、統計学の基礎を理解できる素養が必要でしょう。しかし、本当にそうした英語の能力や数学的知識があるかどうかは、必ずしも履歴書や志望理由書、研究計画書だけでは判定できない場合が多いのです。面接試験を行う理由はここにあります。

　良い研究計画書は、良い修士論文につながります。本書、第3章から第8章は、その点を解説しています。具体的な修士論文作成の作業がどのようなものかをおおまかに理解してから、受験準備としての研究計画書を作成したほうが、重要なポイントを押さえた研究計画書になるでしょう。

打ち明けるべきか、隠すべきか

　以下の各章ではカバーできない、基本的な問題を一つ、ここで考えておきましょう。それは、「あなた」が社会人大学院に合格したことを会社の同僚や上司に打ち明けるべきか、それとも、隠しておくべきか、という問題

です。

　受験の段階で、大学院に提出する書類のなかに「あなた」が勤める企業の推薦状を含めて提出している場合には、当然、隠すことはできません。会社から自己啓発の奨励金をもらったり、政府の雇用関係給付金をもらうために会社に申請書の記入を依頼した場合にも、隠すことはできません。問題は、「あなた」が誰にも受験を相談せずに、一人で社会人大学院に受験し、合格した場合です。

　「同僚や上司には、大学院進学の目的と意図を説明し、理解を得て進学しましょう」というのが優等生的な回答ですが、そう一筋縄に行かないのが日本の企業社会の厄介なところです。上記のような優等生的な態度で会社に大学院進学を説明した半年後に、大学院からは微妙に遠いところに転勤になる、といったケースも私は見てきました。そうしたケースが、現実になくはないのです。

　私の勤務する大学院は千代田区という都心の真ん中にあります。したがって、都内に勤務先があれば通学には便利です。しかし、夜間大学院の進学を上司に伝えた半年後には、微妙に通学の困難な場所に配置転換になった学生さんがいました。そうした学生さんたちは、栃木県の工場に勤務になったり、神奈川県の厚木に勤務になったりしたことを、私に報告してくれたのです。夜間大学院は午後6時30分に授業がはじまるのですが、午後5時に仕事を終えても、ぎりぎりで遅刻せざるを得ない、といった事業所への配転です。

　私は20年以上夜間大学院で教えてきましたから、たまたまそうした事例を見たに過ぎないのかもしれません。しかし、組織というところは怖いところです。

　「あなた」の上司がMBA（経営学修士）を持っていたとします。では、その人は「あなた」の社会人大学院進学に好意的になるでしょうか。好意的に理解をしてくれる上司もいるでしょう。しかし、簡単に好意的な態度だけを期待することもできないように思います。これは、「あなた」の上司がMBAを取得したときに、仕事をしながらMBAを取得したのか、仕事をやめてフルタイムで学生に戻ってMBAを取得したのか、で大きく異なるで

しょう。前者の場合には、「あなた」と同じ環境で努力したのですから、応援してくれるかもしれません。しかし、後者の場合には、仕事と勉強を両立させている「あなた」とは違います。仕事をやめて、自らリスクを冒してMBAの取得に賭けたことになります。後者の場合の上司と「あなた」とでは、まったく異なる環境にあることになります。

　たとえば、
　「夜間大学院でMBAをとりたいので、6時30分の授業に間に合うように5時には仕事を終わりにしたいと思っています。」
と「あなた」が相談したとします。それを聞いた上司は、
　「MBAの取得とは感心だね。」
と言うかもしれませんが、同時に、
　「（私の場合は、会社をやめてMBAをとったけどね。）」
と心の底では思っているかもしれません。

　社会人大学院に合格した「あなた」は、大学院進学で授業に参加する必要があることを、いつ、どのようにして会社内の同僚や上司に伝えるべきでしょうか。答えは、「どうしても伝えなければならなくなったときに、同僚や上司に迷惑をかけていると認識していることを示しながら、伝える」ということです。社会人大学院への進学は、産休や育休のように法的に守られた権利を行使するものではありません。その点を謙虚に認識して、2年間という就学期間を確保していきましょう。勉強をはじめる前に、人間としての謙虚さが試されているのかもしれません。

集合知研究の意義

　本書を貫く考え方として、筆者が続けてきた集合知研究を挙げておきたいと思います。洞口（2009）では、企業が組織としての能力をいかに保持し、高めていくのか、という疑問からスタートして、「知識は集合的につくられる」（24ページ）という命題を提起しています。より具体的には「自己組織化と創発」（48ページ）の循環活動を通して集合的な知識が創造されていく、とみます。たとえば、日本語や英語といった言語は、いずれかの時代に名も

ない人々によって創造されてきた言語知識の体系ですが、それらがいったん言語として確立すれば、文法というルールが認識されて、人々はそのルールに従うようになります。

　洞口（2009）の著作は、2013年には中国語に翻訳され（洞口（2013））、2014年には Horaguchi（2014）として英語版が出版されています。その後、英語版著作は *Computers in Industry*（Fayoumi, 2016）や *Journal of Knowledge Management*（Bolisani and Bratianu, 2017）といった有名学術雑誌に掲載された論文でも引用されるようになっています。

　洞口（2009）では集合知研究のフィールドとして産学官連携や自動車産業クラスターなどを観察対象として選択しています[1]。本書は、集合知研究のフィールドとして大学院教育をテーマにしていると言ってよいでしょう。「知識は集合的につくられる」。洞口（2009）で提起した、この命題は大学院という制度のもとにおける教育と研究においてもあてはまります。ジャーゴン（jargon）とは、専門用語を意味する英単語ですが、大学院教育にもその分野でしか用いることのない多数のジャーゴンが存在しています。制度として成立した大学院教育が、その構成要素を専門用語にして説明しているのです。

　筆者にとっては、集合知の理論を実践する場として大学院教育があったともいえます。大学教授から学生への授業、学生の作成する修士論文に対する教授の指導、それらが双方に与える気づきといったものは、洞口（2009）に述べた「自己組織化と創発」のプロセスにほかなりません。たとえば、産婦人科医は出産についての知識を獲得しており、僧侶は葬儀についての知識を備えているでしょう。それに対して、母親が初めて子どもを出産するのは一生に一回の経験でしょうし、死んでいく肉親を子供が看取るのは一回限りの体験であって、その現場で得られるのは限られた回数の気づきなのです。大

---

[1] その延長線上として洞口（2010、2014、2016a）、Horaguchi（2013a, 2013b, 2016b）があります。洞口（2010、2014）は集合知理論によって中小企業の経営戦略を議論しています。洞口（2016a）および Horaguchi（2016b）は日本における産学官連携政策を研究したもので、前者は政策の改善可能性を論じ、後者は負の二項分布による統計的な解析を行ったものです。Horaguchi（2013a, 2013b）ではエコ・システムとして企業経営を分析するために生物学での分析方法と理論的概念を応用しています。

学院教育も、それを受ける人にとっては一生に一回の経験ですが、それを毎年続ける大学教授にとっては繰り返しの作業に他なりません。そこには大学院教育でのみ必要な考え方や専門性があります。産婦人科医の医学知識や葬儀の風習なども単独の個人がつくりあげたものではありません。それらは人類のもつ集合知の一例といえるでしょう。

　本書によって私たちが手にするものは何でしょうか。それを一言で表現すれば次のようになります。

　才能の発見。

　社会人大学院の大きな機能は、この点にあります。みなさんのなかに潜在する才能を大学院教育のなかで発見してもらいたいと思います。

第1章　知識欲の管理

〈キーワード〉
科目履修、単位、予習、復習、知識欲の管理、修士論文、リサーチ・ペーパー、研究の体系性、経営学、経済学、社会学、心理学、工学、生物学

入学と履修手続き

　社会人としてのキャリアを活かし、そこで身につけた経験をさらに高めていくために大学院に入学された「あなた」には独自の目標があることでしょう。「あなた」は、これからどのようにして大学院生活を送っていくのが望ましいのでしょうか。本章から、その点を説明していきます。働くキャリアのなかで身に着けたさまざまな知識を、大学院の教育とどう結びつけるのが良いのでしょうか。満足度の高い大学院生活を送るための知的な生活のための「秘策」はあるのでしょうか。「大学院に行くのは、ハクをつけるためだろう」という意地悪な見方をする同僚の視線を「あなた」は感じているかもしれません。その視線は正しいのでしょうか。

　大学院で求められる知的な活動とは何で、そのためにはどのような作業が必要となるのでしょうか。本書では、その点についても解説していきます。社会人大学院で多年にわたって教えていますと、「大学ではまったく勉強してこなかった」とか、「ゼミには属していたが、その先生が何を研究していたのか、よく理解はしていない」とか、「私の卒業した学部では卒論が必修ではなかったので、論文を書いたこともないし、研究と呼べるものをしたことがない」といった声を聴くことも多いのです。

　本書では、そうした人たちのために、大学院での勉強方法をやさしく説明し、修士課程で学ぶ「あなた」の知的なパフォーマンスを高めていきたいと思います。

科目のとりすぎに注意する

　大学院に入学した「あなた」が、まず行わなければならないのは科目登録です。修士課程を修了するためには、32単位から48単位程度の科目履修を要求する大学院が多いので、そのケースを念頭において説明していきましょう。90分の授業を15回行うと2単位の授業であり、30回行うと4単位となるのは学部と同じです。

　夜間大学院に入学した場合には、ウィークデイの5日間について夜間に開講される6時限目と7時限目、土曜日の1時限目から7時限目という17時限分の履修登録の枠を利用することが可能です。春学期（前期）と秋学期（後期）の半期制（シメスター制）をとっている場合、春学期と秋学期には15週間の授業回数が設定されています。たとえば、半期に6時限目と7時限目という2時限連続の科目を履修すると30回となって4単位を獲得することができます。すると、月曜日から金曜日まで5日間についてすべて履修すれば、それで20単位を履修でき、土曜日には1時限から4時限まで履修するだけで8単位履修できることになります。この計算では、春学期に28単位、秋学期に28単位を履修できて、1年間で56単位の科目を履修でき、それだけで卒業に必要な単位を獲得できることになります。

　修士課程の2年目には、修士論文やリサーチ・ペーパー、プロジェクト研究などの課題が課されているので、「1年目には卒業に必要な単位をすべて取り、2年目にはリサーチ・ペーパーに集中しよう」と考える人も多いかもしれません。授業料を支払っているのは「あなた」なので、その履修方針を採用しても誰からも文句は言われません。しかし、修士課程を指導している教授の立場からすると、上記のような科目履修は賢い学習方法とは言えません。修士課程1年目にたくさんの科目を履修しすぎることのデメリットは三つあります。

　第一は、予習と復習の時間がとれなくなることです。大学院の授業は、その授業の2倍の予習・復習の時間を前提にしています。これは大学設置基準という法律で設定されている想定で、そのことによって大学や大学院が適切

な授業回数を維持するように指導するものです。授業時間の2倍、つまり、授業時間と同じ長さの予習と同じ長さの復習が予定されている、ということです。

社会人大学院生の場合、昼間は働いているのですから、月曜日に授業を履修するとすれば、同じ時間の予習時間を日曜日に確保し、授業ののちの復習の時間を火曜日に確保しなければ2倍の予習・復習時間を確保することができません。つまり、月曜日に授業を履修すれば火曜日に授業を履修しないほうがよい、ということになります。そして、次の授業の予習を水曜日に行って、木曜日に授業を履修し、金曜日に復習することになります。

金曜日の夜に仕事がらみの時間が必要であるとすれば、土曜日の授業を履修するにしても、予習の時間は十分にはないことになります。金曜日に会社の飲み会や1週間の仕事をかたづける残業が予想されるとすれば、金曜日には授業をとらないほうが賢明であり、木曜日の復習は土曜日に行う、と考えておいたほうが無難です。

十分な予習と復習の時間を確保しようとすれば、たとえば、月曜日と木曜日に6時限・7時限連続の4単位科目を二つ履修するのが無難だということになります。このペースで春学期（前期）に8単位を取得することができる、ということになります。そのペースを1年続ければ16単位、2年間で32単位となり、32単位の履修を義務づける大学院の卒業に必要な単位を獲得できることになります。48単位を要求している大学院では、1年間で24単位、つまり、春学期（前期）に4単位科目を3科目履修することを想定していることになります。月曜日、木曜日に加えて、土曜日に1科目履修するというパターンが想定されていることになります。たとえば、土曜日の午前中に予習をして、午後の授業に出席し、日曜日の午前中に復習をするのであれば、履修が可能であることになります。

入学式の直後に配布される時間割を見て、自分の取りたい科目を並べると1週間の曜日がすぐに埋まってしまいます。しかし、賢い「あなた」は、その数を管理しなければなりません。ここで強調したいのは、「あなた」の知識欲を管理する、ということです。過度な食欲は、肥満を導き、糖尿病、心筋梗塞や脳梗塞のリスクを高めるといわれています。適切な食欲を維持する

ことで運動能力を高めたり、健康を保つことが可能になります。過度な知識欲も、精神や肉体に大きな負担を与えるでしょう。

　社会人大学院生となった「あなた」は、食欲、性欲（色欲）、権力欲、金銭欲、物欲、名誉欲、睡眠欲といったさまざまな欲に加えて、自分のなかに備わった知識欲という新たな欲に直面することになります。すべての欲に対してと同様に、そのコントロールが大切です。知識欲をコントロールし、管理（マネジメント）し、自分の成長に役立てなければなりません。

　過度な知識欲が何をもたらすのか。第2のデメリットを説明しましょう。

　大学院の授業では、必ず課題が出されます。課題をこなすためには時間が必要ですから、「あなた」は睡眠時間を削って課題をこなすかもしれません。しかし、睡眠時間を削る、という状態が2カ月も続くと「あなた」の本業である仕事に影響がでてくるでしょう。仕事の効率が落ちるだけでなく、適切な意思決定を下す場面で間違いを犯してしまうかもしれません。間違った意思決定を取り返すことができないと、「あなた」は職場での評価を落としてしまうかもしれません。社会人大学院生になったがために、向学心と向上心のある「あなた」が、居酒屋で憂さ晴らしをしている同僚や、何もしないで家でたっぷりと寝ているだけの同僚から低い評価を受けるという耐え難い状況になってしまいます。

　1年生の間にたくさんの授業に出て、たくさんのレポートを書き、それを提出してたくさんの単位をとった、という先輩の話を聞くこともあるかもしれません。しかし、そうした学習をした人は、じっくりと自分の頭で考え、自分の頭で理解し、自分の頭で問いかける、という作業をしたと言えるでしょうか。この作業を行うには、時間が必要なのです。それは、外国語の文献を読むといった作業でも端的に現れます。浅い理解、薄い知識は、大学院教育が本来目指すものの対極にあります。薄っぺらな知識で十分なのであれば、ネットを検索すれば十分でしょう。大学院の教育が「あなた」に与えることができるものは、それよりもずっと深く、分厚いものなのです。そのためには、知識欲をコントロールして、科目の取り過ぎに注意するべきです[1]。専門家が生まれるのも、このことから明らかでしょう。誰もが、特定の分野に集中することによって、専門的知識を手に入れているのです。過度

な知識欲は、薄っぺらな知識しか与えてくれません。必要なのは、考える力です。

リサーチ・ペーパー（修士論文）は一年生から準備する

　第3のデメリットを指摘しておきましょう。1年間で修了所要単位を履修してしまい、2年目はリサーチ・ペーパーに集中する、という考え方は、実は、たいへんに「もったいない」考え方です。修士課程の1年目を終えるころには、必ず「あなた」の理解スピードは速くなっていますから、1年目と2年目に同じ数の科目を履修しても、そのための予習・復習に要する負担は1年次よりも少なく感じるはずです。さらに、修士課程で学ぶ学問分野では、毎年、新しい研究成果が提出されていますから、1年目だけ修士課程の授業で勉強して2年目に自分の殻に閉じこもったとすれば、2年目の年に発表された新たな研究成果を見逃してしまうことになります。つまり、1年遅れの知識を手に修士課程を修了していくことになってしまいます。これは、あたかも200万円で買った新車に1年目だけ乗車し、2年目には全く乗車しないことに似ています。

　逆に言えば、リサーチ・ペーパーの作成を修士課程1年目から開始するべきなのです。修士課程で作成するリサーチ・ペーパーは2年間の学習の成果をまとめるものであって、2年目になって作成しなければならない、という決まりがあるわけではありません。1年目でたくさんの科目を履修して単位を稼ごうと考えて、1年生のときに科目を履修しすぎると、修士論文やリサーチ・ペーパーを書くための準備に時間を使うことができず、2年生になってからの1年間しか自分の研究に時間を割けないことになります。修士論文やリサーチ・ペーパーの題材となりそうなテーマは、履修した科目に関

1　科目履修届けを出して授業に何回か出席し、その科目の履修を取りやめるという考え方は有効です。ただし、履修をやめることが制度的にできない大学院の場合には、その科目にパスしなかったという成績評価が残ることがありえますので、その点に注意が必要です。期末試験を未受験の場合に成績通知書にその結果が残らない、という制度になっているかどうかは、大学院の事務課で尋ねるとよいでしょう。

連するテーマを探し、1年生の夏休みに見つけることが望ましいでしょう。それから1年と数カ月をかけて選択したテーマに関連する論文を読み、データを集め、それらを解析して自らの修士論文ないしリサーチ・ペーパーを書きあげるのが望ましいスケジュールです。修士論文ないしリサーチ・ペーパーの書き方については、本書第8章において改めて詳しく説明します。

　恐ろしいことに、世の中には、自分の愚かさを自慢するヒトがいます。「私は1カ月でリサーチ・ペーパーを書いた」、「私は3カ月で修士論文を仕上げた」、など、短い時間で研究したことを自慢げに語る先輩がいるかもしれませんが、研究のプロフェッショナルからすれば、愚かな行為を自慢していることに等しいのです。大切なのは、世の中が認めるような重要な研究を行ったか、否かなのです。短時間で論文を書いた、といった自慢話は、高速道路でスピード違反をして走ったことを自慢する暴走族に似ています。誰のためにもならず、危険で、はた迷惑で、実りのない行為なのです。目的地に到着する時間を計画したら、余裕をもって出発することが安全運転につながります。

　絵描きと写真家の会話という逸話を聞いたことがあります。それは次のような話でした。風景を描いている絵描きが一枚一枚、木の葉を描いていました。それを覗き込んだ写真家が、

「絵を描くのはたいへんだな。葉を一枚一枚、描かないといけないんだから。」

と言ったそうです。その写真家に答えて、画家は、

「何を言っているんだ。木の葉の一枚一枚を描くのが楽しいんじゃないか。」

と言ったというのです。これは実話ではありませんが、自分の好きなことに打ち込むということの本質をついています。

　研究には、その行為のもつ面白さがあります。その面白さに気づくまでには時間と努力が必要です。これはキャッチボールができないと野球の面白さに辿りつけなかったり、駒の動きを理解しないと将棋というゲームで遊べなかったりするのと同じことです。研究をする準備をして、研究にとりかかり、そして、研究の面白さに気づいたならば、慎重なプロセスを辿り、時間

をかけて二重、三重のチェックをして自分の研究成果をまとめるべきなのです。短い時間で書き上げた研究には、誤字・脱字、論理の逸脱、身勝手な推測など、自分では気づきにくい誤りが数多く残されている可能性が高くなるのです。

研究では体系性を意識する

　研究の対象は自由に選択できます。何を研究してもかまいません。どのようなテーマを選択するかは研究者の自由です。修士論文やリサーチ・ペーパーのテーマも自由に選択できます。ただし、テーマ選択には、そのテーマを選択することの重要性を自ら説明する必要があります。自分の選択したテーマが、どのような意味で、誰にとって重要なのかを説明できなければなりません。そうではない課題を選択して研究を行っても、誰からも研究の重要性が認められないことになってしまいます。

　研究をはじめたばかりの修士課程の学生諸君がよく犯す間違いは、「この研究は誰もやっていないから重要だと思います」という理由をつけてテーマ選択をすることです。この理由づけは間違っています。今まで誰もやっていなかったこと、というのは、実は、無限大に存在しています。誰もやっていない研究テーマを見つけることは、極めて簡単なことなのです。わかりやすい例をあげれば、「A社のある1日の活動」を研究テーマとして選択すれば、誰もやっていない研究となってしまうのです。たとえば、「私がこれから将来設立を計画している会社の収益性についての研究」であれば、誰も私の意図を知らず、その会社の実態もないのですから、誰も行っていない研究になります。会社を事例として取り上げたくないのであれば、たとえば、「私が飼っている猫の脱毛量に関する研究」も、私の飼っている猫が、同じ研究関心をもつ研究者に貸し出されない限り、独占的な研究テーマとなるでしょう。

　研究テーマの選定にあたって大切なのは、今まで行われていなかったこと、にあるのではなく、その研究がもつ普遍性にあるのです。誰にとっても重要であり、かつ、先行する研究に不十分な点が認められる、というのが重

要な研究テーマとなるのです。そうした普遍性を見つけるためには、いままで行われてきた研究の発達を理解しなければなりません。たとえば、「A社のある1日の活動」を研究テーマとする場合には、なぜA社を研究テーマとして選択するのか、が説明できなければなりません。そして、今日という歴史的な時点からみた「ある1日」をデータの収集日とすることに、どのような意味があるのかを説明しなければなりません。ある研究を進めるにあたって、その研究を進める理由が説明できなければ、より複雑な研究に進むことは難しいでしょう。

　MBAを取得するための経営学は、20世紀から21世紀にかけて進歩してきた研究領域の一つです。そうした研究の進化プロセスを理解することが、普遍性のある課題の発見につながるのです。経営学は、経済学・社会学・心理学・工学・生物学から強い影響を受けて成り立ち、それぞれの学問分野で理論化されてきた原理を応用して理解されることの多い研究分野です[2]。大学院では、そうした大きな視野から学問の成り立ちを理解することが、大きな楽しみになるはずなのです。

　たとえば、囲碁や将棋というゲームは、考えることを中心に成り立っているゲームであり、多くの人たちに大きな楽しみを与える活動ですが、それぞれのゲーム・プレーヤーには持ち時間が与えられており、その持ち時間の範囲でしか考えることが許されていません。そのことの意味は、考えるという行為には時間がかかる、という事実なのです。日常生活のなかでは、買い物をしながら自分の欲しいものを考えていますし、ワープロをたたきながら文章を考えていますから、考えている時間を意識することは少ないかもしれません。しかし、囲碁や将棋と同様に、大学院での学びには考えるという行為が必要となり、その行為には十分な時間が必要となるのです。授業を理解し、論文を作成し、研究をする、という作業には、常に考えるという行為が必要とされるのです。考える時間を確保しなければ、充実した大学院生活を送ることはできないでしょう。

---

[2] 洞口・行本（2012）参照。

本を借り構成を知る

　研究をするためには、研究を知らなければなりません。研究は、まず論文という形式で発表されますから、論文を読むことで研究を理解することができます。どのような研究があるのかを調べもせずに研究をはじめてしまうのはおかしなことです。日本語の論文検索サイトとしてはCiNiiがあり、日本語・英語の論文検索サイトにはGoogle Scholarがあります。自分が教わりたいと考える大学教授の名前を検索画面に入力すれば、その教授がどれだけの論文を発表してきたかを知ることができます。もちろん、重要性が高いのは英語学術雑誌への発表論文です。

　大学教授をはじめとする研究者が、複数の論文によって提示してきた研究成果を本にしてまとめるということがあります。研究をまとめた本は、研究書ないしは啓蒙書（けいもうしょ）と呼ばれるのですが、これはビジネス書や教科書、小説やエッセイなどとはまったく違うジャンルの本です。こうした本がもつ性格の違いについても、知っておいたほうが良いでしょう。

　まず、研究書は、街の小さな本屋さんの書架には並んでいない類の本です。専門的な基礎知識を身につけた研究者を対象として書かれた本ですから、理解できないのは読み手の理解力不足である、といった文章で書かれている本です。専門家が読むことを想定して初版1,000部くらいのわずかな冊数で印刷された本であり、素人が読んでもなかなか理解できないように書いてあります。当然のこととして、街の本屋さんに並べておいても買う人が少ないことが予想されます。一冊あたりの値段も高価で、大学の図書館で借りる本というイメージに近いものです。

　啓蒙書は、研究書よりはわかりやすく、その本が研究しているテーマについて関心を寄せる読者を増やすために書かれています。したがって、研究の歴史的発展や成立のプロセス、論争の紹介や、新たな学説が生まれたときの学会への衝撃など、多様なテーマを含むものになっています。

　ビジネス書の役割は、ビジネスに直接的に役立つノウハウが説明されていることです。研究の基本的な機能が、なぜ（why）を問いかけることである

のに対して、ビジネス書ではいかに（how to）が解説されます。このなぜ（why）という問いかけの重要性は、臨床医学と基礎医学との対応で理解することができるでしょう。

　病気になった人の診断をして薬を処方するのが臨床医の仕事です。臨床医の指定する薬を飲んで病気から快復した患者は感謝することでしょう。臨床医は、ある病気をいかに（how to）治療するか、についての専門家です。しかし、臨床医が直すことのできない不治の病に罹った患者の場合はどうでしょうか。臨床医のもつ医療技術では患者を治すことはできません。そのときには、基礎医学によって、不治の病と認識されている病気の治療方法を根本から開発していく必要が生まれます。

　不治の病を克服するためには、なぜ（why）現在の方法では病気を治癒できないのかを問いかけたり、なぜ（why）ある病気が発生するのか、を問わなければなりません。経営の分野におけるビジネス書と研究書には、医学の分野における臨床と基礎に類似した役割の違いがあるのです。

〈社会人大学院生のよく犯す間違い〉
① 1年次に、たくさんの履修科目を登録しすぎる。
② 図書館で本や論文を探す時間を持てない。あるいは、持たない。
③ 修士論文やリサーチ・ペーパーの作成を2年目から開始すれば良いと考えている。
④ 修士論文やリサーチ・ペーパーの研究テーマを意識して授業を履修しない。

〈研究効率を高める学び方〉
① 授業の予習・復習を行う時間を持ちましょう。
② 図書館で学ぶ時間を確保しましょう。土曜日や日曜日に開館している図書館もあります。
③ 1年生の夏からは修士論文やリサーチ・ペーパーの準備を開始するべきでしょう。
④ 修士論文やリサーチ・ペーパーの研究では学問の体系性を意識しましょう。そのためには体系的に科目を履修しましょう。

第2章　授業参加の方法

〈キーワード〉
クラス・パティシペーション、なぜという問い、ケースメソッド、コーポレート・ガバナンス、説明能力、意思決定、シラバス、グループワーク、知的作業の分割不可能性

クラス・パティシペーション

　社会人大学院での授業が開始されました。「あなた」には、さまざまな期待がかけられていると感ずることでしょう。「あなた」が優秀であることを「あなた」自身が証明する絶好の機会であると意識してもいるでしょう。周囲の学生が優秀に見え、そして内心はそれ以上に「あなた」が優秀であるはずだと確信しているかもしれません。「あなた」は、もっとも「あなた」に強く期待している人のひとりとして、授業をリードしている教授を意識するに違いありません。教授は、担当科目について成績を評価する作業をしているのですが、そのための各回のクラスでは、「あなた」との意思疎通を求め、「あなた」の知識水準を確かめています。何回かの授業に出席すると、「あなた」はその期待を感じとることでしょう。
　大学院の授業では、クラス・パティシペーション（class participation）、つまり、授業への参加が評価の対象となります。大学院生は、授業内で議論することを求められています。黙って座って出席回数を稼いだとしても、クラス・パティシペーションへの評価は高くはなりません。黙って座ってノートをとり、期末試験で暗記した内容を解答用紙に吐き出して良い成績をとってきた、という暗記重視型の優等生では、大学院教育で高い評価を得ることはできません。かといって、大学院の授業では、「あなた」の自慢話を語ることが求められているのでもありません。延々と続く「あなた」の自慢話を

聞くために、「あなた」の学友である大学院生が集まっているのではありません。もちろん、自慢話をしてはいけない、ということではありませんが、それを喋ることが有効な場面があるのです。自慢話と同様に失敗談を語る準備をするべきでしょう。授業のテーマに即した経験談を話すことが有効な場面を認識することが重要なのです。

理論づくり

　大学院の授業ではクラス・パティシペーションが求められます。それは、なぜ（why）という問いを考えるための訓練なのです。なぜ（why）という問いを考えること、これは、実は、「自分だけの理論を持つ」ということの準備作業にほかなりません。世の中には、大学院教育に対するさまざまな誤解がありますが、そのなかでも最たるものが、「過去の理論を分類して暗記しているにすぎない」という誤解です。大学院教育で求められるのは、自分の見つけ出した疑問に答えるための、自分でつくった理論なのです。

　理論を別の言葉でいえば、なぜ（why）という問いに対する答えを与えること、と言ってもよいでしょう。その答えは簡単には見つかりません。そのために仮説をつくることを学び、過去に行われてきた研究の方法を学ぶのです。

　「自分用の理論をつくってみなさい。」
という指導に対して、すぐに応えられる人はいません。どのような理論が過去にあったのかを学ぶことで、自分用の理論ができあがっていくのです。過去にあった理論を理解するために、授業内で教授は学生に対してさまざまな問いかけをし、議論をします。つまり、学生はクラス・パティシペーションを通じて答えを模索していくのです。「自分だけの理論を持つ」方法については、本書第12章で改めて説明します。

ケースメソッド

　議論には題材があります。MBAのクラスで用いられる典型的な教材が

ケースです[1]。これは、ビジネスの意思決定が必要な瞬間を描き、そこに至るまでの経緯をまとめた読みもので、「もしも、あなたがこの主人公の立場ならば、どのような意思決定をしますか」という問いを考えるためのビジネスの実例です。こうしたケースを読んで、ある意思決定をする、という判断ができたとすれば、すぐに、「それはなぜですか」と問われることになります。そのときに授業のなかで、その「なぜ」に対して説得力のある回答を準備していなければなりません。その説得力こそが、MBAの授業で求められているものなのです。

これからビジネススクールで作成されそうなケースを例として説明していきましょう。

2016年4月7日の朝、セブン&アイ・ホールディングスの取締役会が開かれています。「あなた」は、取締役の一人として、そこに出席しています。今、同社の子会社であるセブン-イレブン・ジャパンの社長、井阪隆一社長兼最高執行責任者（当時58歳）を退任させ、その後任に古屋一樹副社長（当時66歳）を昇格させる議案が提出されています。この提案は、鈴木敏文セブン&アイ・ホールディングス会長兼最高経営責任者（当時83歳）とその側近である村田紀敏社長兼最高執行責任者（当時72歳）を中心とするメンバーから提出されたものでした[2]。「あなた」は、その案に賛成票を投ずるでしょうか、それとも反対票を投ずるでしょうか。あるいは、白票を投ずるでしょうか。

授業で、この意思決定の課題を議論する際には、教材としているケースによって議論に必要なデータが揃えられているはずです。たとえば、セブン&アイ・ホールディングスに関する過去10年間の連結財務諸表の要約データ、セブン-イレブン・ジャパンの業績推移、セブン-イレブン・ジャパンが開拓してきた新規事業の歴史、セブン&アイ・ホールディングスの取締役構成

1　ハーバード・ビジネススクールで作成されたケース教材は、インターネットを通じて購入可能です。https://cb.hbsp.harvard.edu/cbmp/pages/content/cases を参照して下さい。

2　読売新聞、2016年4月6日朝刊、「セブン社長交代を提案　セブン&アイHD　社外取締役は反対」。読売新聞、2016年4月7日夕刊、「セブン社長交代案否決　取締役会鈴木氏提出　反対大勢」。読売新聞、2016年4月8日朝刊、「セブン鈴木HD会長退任　社長交代案否決で」。

メンバーと経歴、会社法が定める「指名・報酬委員会」の意義と役割、アメリカの投資ファンドであるサード・ポイントを代表するダニエル・ローブ最高経営責任者が公表してきた発言内容などです。

そうしたデータはケース教材のなかにまとめられていますが、それらを論拠に使いながら「あなた」は、取締役会で賛成票を投ずるか、反対票を投ずるか、白票を投ずるか、という授業内ディベートに参加することになるのです。中学校や高校で教えられるディベートは、「是か、否か」を問う単純なものでした。しかし、現実の世界には、是でもなく、否でもない意見表明があります。是と否の判断は、その前提となる条件や、その条件に対する知識で簡単に覆ってしまいます。是の判断や否の判断を選択する人たちにもそれぞれの異なった理由づけがあります。

中学校や高校で教えられるディベートには勝ち負けがありました。しかし、MBAのクラスで行われる学生どうしの議論には、勝ち負けはありません。大切なのは、深く学んでいるか、説得力のある論拠を短時間で説明できるのか、という説明能力を示すことにあります。

ケースメソッドには、教育上の目的があります。前述のセブン＆アイ・ホールディングス取締役会のケースであれば、コーポレート・ガバナンスという経営課題を理解するための教材として作成されているでしょう。ケースを通じて、株主の発言権と実効性、取締役会の機能、社外取締役の権能、指名・報酬委員会と執行役員の役割などが理解できるでしょう。「指名・報酬委員会とは何か」といった会社法における基本的な事項を理解するために、たんなる説明の文章を読むことは退屈です。ケースを通じた議論は、楽しく、重要な事項の理解を助けてくれるものなのです。

意思決定

ケースでは、ある経営課題についての意思決定に迫られます。授業で用いるケースで説明されているのは仮想の現実ではありますが、その設定のなかでどのような意思決定をするか、を議論していくことが課題です。経営者として判断に迷う瞬間を疑似体験することで、「あなた」が意思決定の仮想現

実に溶け込んでいくことがケースの醍醐味です。繰り返しになりますが、ケースを題材にしたクラスの議論では、賛成か、反対かという結論が重要なのではありません。多数決でモノゴトを決めるという作業をしているのではないのです。重要なのは、どのような条件が満たされれば賛成し、どのような条件のもとであれば反対するか、という条件の設定とその説明にあるのです。求められているのは是か非かという結論ではありません。求められているのは判断の材料とするべき条件なのです。

　これは、受験勉強で「あなた」が親しんできた学習技能とはまったく逆の方向への能力を要求するものです。大学受験の試験問題では、さまざまな条件が与えられた中で、一つの正解を探す能力が試されます。たとえば、1582年（天正10年）に明智光秀が京都で織田信長を襲い、滅ぼした事件とは何か、という日本史の問題があったとしましょう。この質問は、人名や年号によって条件を示し、「本能寺の変」という答えを尋ねています。ただ一つの答えを示すことが受験勉強で求められている技能の本質です。

　ケースによる議論では、どのような条件が成立すれば、一つの意思決定が正当化されうるのかという問題を考えます。つまり、「あなた」が明智光秀であったとして、1582年（天正10年）に生きていたとしたら、「本能寺の変」を起こしただろうか、という意思決定の問題が問われるのです。どのような条件のもとであったら、明智光秀としての「あなた」は織田信長襲撃を思いとどまるでしょうか。どのような条件のもとであったら、明智光秀としての「あなた」は織田信長襲撃に際して追加的な準備や襲撃後の対策を行ったでしょうか。明智光秀としての「あなた」は織田信長襲撃という時点の直前にいます。MBAのケースで議論されるのは、そうした時点に立ったときの条件なのです。

　経営の意思決定とは、それを起こすまでは不確定なものだと言うこともできます。あらかじめ定まった解答が存在するのではなく、ある条件のもとではA案を、別の条件のもとではB案を選択することが「正しい」意思決定である、と判定されるものなのです。自社のおかれている環境が変われば、選択するべき意思決定も変化します。いま、自社がどのような環境におかれているのか、についての認識は、人によって大きく異なるものなのです。危

機感を持つ人と、そうではない人に分けられると言ってもよいでしょう。

教科書とシラバス

　ケースを利用したクラス内での議論を重視した教育方法をケースメソッドと言いますが、この方法は万能ではありません[3]。ケース教材以外に、教科書とシラバスという補助教材が必要です。それらを効率良く使いながら教育目的を理解することによって、限られた時間を有効に使った授業が可能になります。

　ケースメソッドでは、配布されているケースを読むという作業によって文章の読解力が求められてはいます。しかし、実は、勘の良い人であれば、ケースについて、そのはじめの1ページと最後の1ページを読むだけで、何を議論するべきか、わかってしまうのです。この欠点は、ケースが英文で書かれており、社会人大学院生の英語読解力が高くなく、十分なケースの読み込みが行われていないときに顕著に現れます。議論している社会人大学院生は英文ケースの内容をすべて読めていないのですから、議論の素材は新聞記事の受け売りや思い込みなどに限られ、居酒屋での会話に近い水準で授業時間が費消されてしまうことにもなるのです。ケースの扱う題材についての議論はできるけれども、ケースに書かれている重要なインタビュー情報や財務諸表を理解できていなかったり、図表で示されたデータを理解できていなかったりする場合もあるのです。

　たとえば、さきほどのセブン＆アイ・ホールディングス取締役会のケースであれば、財務諸表のデータから売上高の伸びを議論する必要が生まれます。その際、売上高といった指標だけからモノを言うのは、さほど高い水準での議論とも言えません。次の水準としては、売上高よりは総資産利益率といった収益性指標を考える必要があるでしょう。しかしながら、それだけでは、セブン＆アイ・ホールディングス取締役会におけるコーポレート・ガバナンスとは何か、という本題に立ち入った議論にはなりません。ケース教材

3　小池・洞口（2006）参照。

には、そうした問題を議論するための素材が埋め込まれているので、それを読んで授業に参加するべきなのです。

　ケースは、推理小説の最後の章が欠落しているような状態にあります。ケースに書かれている内容をつないでいくと、誰かが犯人である、と推理することが可能な状態になっているのです。ある条件をプラスすれば、いままで得られた証拠とあわせてAさんが容疑者となり、別の条件をプラスすればBさんが容疑者となる、といった状態にストーリーが展開していくはずです。ケースでは犯人を特定していませんから、「あなた」が条件を加えて議論しなければなりません。

　ケースを用いたディスカッションを行うと、「あなた」のクラスのなかで誰かがそうした推理をしてみせることでしょう。与えられている条件は、「あなた」にとっては非現実的なものである、と感じたとしましょう。そのとき疑問に感じたことを質問することは大切なのですが、その質問の仕方は何通りもあります。一つのことを知るために、何通りの質問の仕方があるのかを考えて、そのなかの有効そうなものから質問していくことが大切です。疑問点の尋ね方を考えておくことで、リサーチ・ペーパーや修士論文の作成に必要となるインタビュー調査の訓練となります。人から話を聞く、という行動には、適切な質問が不可欠です。

　あるケースは、ある教育目的のために選別されて作成されています。マーケティングのため、経営戦略のためなど、さまざまな教育目的があります。授業のなかで議論をすること自体が楽しいという社会人大学院生が多い場合には、教育目的から話が脱線したまま、議論が浮遊していくこともあるでしょう。そうしたときに、教科書があり、シラバスがあれば、その回のケースで教授が何を教えようとしているのかを理解することができます。浮遊した議論を本筋に戻す役割を「あなた」が果たしたとしたら、教授からは感謝されるにちがいありません。

　もちろん、大学院で用いられる教科書は議論のための「たたき台」にほかなりません。教科書の重要事項を理解しているのはあたりまえのことで、その理解のうえで議論をたたかわせることが大切です。浮遊して本題から離れた議論と思えたことが、実は、ケースに記載された内容の応用問題である、

ということもあるはずです。重要事項を知識として記憶するだけであれば、インターネットを用いたオンデマンドの授業ビデオのほうが効率的でしょう。その程度のモノを求めるのであれば社会人大学院に入学する必要はないのです。大学院で手に入れることができるのは、学生相互の議論を通じて考える力なのです。

授業で求められる意見

　ケースメソッドは、参加する学生の質に依存します。クラスでは、教授と学生とが、それぞれに発言していきます。学生の側からは社会人としての経験にもとづいた例証と理論の批判を行うことが可能です。たとえば、「あなた」の会社の取締役は何人でしょうか。「あなた」の会社の社外取締役は、何人いて、どのような経歴の人でしょうか。その人たちは、セブン＆アイ・ホールディングス取締役会のケースと比較して、どのような役割を「あなた」の企業に対して果たしているのでしょうか。

　何年勤めていようと、自分の会社について知らないことも多いはずです。シラバスに記載された授業内容を「あなた」の会社にあてはめたときに、どのような事実を認識する必要があるのか、確認する必要があります。「あなた」の勤務する会社が上場企業であれば、有価証券報告書が発行されていますから、その最新年版には目を通しておく必要があります。「あなた」が、未上場企業にお勤めの場合には、自社のサイトに掲載されている情報を整理しておくと良いでしょう。つまり、社会人大学院生がお互いに自分の勤める会社についての情報を持ち寄ることで、議論は豊かになります。大きな会社に勤務する社会人ほど、自分の会社について良くは知らないものなのです。

　授業で求められる意見が、ある立場を代表したものであれば明快です。「投資家の立場からみたら」、「この会社の顧客の立場からみたら」、「競争業者の立場からみたら」、「社員の立場からみたら」、「納入業者の立場からみたら」、「仕入れを行う商社の立場からみたら」、何が言えるのでしょうか。そうした立場を想定した意見を、一回の授業だけではなく、毎回も積み重ねることで、「あなた」の意見は洗練されたものとなり、クラス・パティシペー

ションについても教授に強いプラスの印象を与えることになるのです。

グループワークとプレゼンテーション

　社会人大学院の授業のなかでグループワークをすることも多いはずです。グループワークには二通りのパターンがあります。第一は、教授がくじ引きなどの形でグループの分け方を指定してしまう方法です。第二は、学生相互にグループを自由に組ませるものです。「あなた」にとって重要なのは、第二のパターンの場合です。

　授業でグループを組むときに、その相手がどのような人であるかによって、グループとしてのパフォーマンスが大きく異なります。仕事の時間を学習のために割いて協力してくれる人なのか。それとも自分からは何もしようとしない人なのか。授業内容を理解して、適切な資料を探し、加工して提供できる人なのか。グループワークの課題は、授業内容と関連しているはずであり、その内容についての理解を深めるために行われます。なによりも自主的な努力が求められているのです。

　グループでプレゼンテーションを行う、という課題が与えられる場合も多いでしょう。たとえば、3人から5人のグループを組んで15分のプレゼンテーションの作成が課題となったとしましょう。よくある間違いは、次のような分業のシステムを考えてしまうことです。つまり、「15分のプレゼンなのだからパワーポイント・スライドを15枚準備し、1枚1分の説明をしよう。このグループは5人だから、ひとり3枚のプレゼン用スライドを各自準備して、ひとりあたり3分間のプレゼンを行うことにしよう。3枚のスライドをリーダー役の人に送り、その人が15枚のつながったパワーポイントを作成して、プレゼン当日に持ってくることにしよう。」

　このような分業は知的作業には不向きです。知的作業は分割不可能な場合が多く、その分割不可能な作業に対して個人の適性が大きく異なります。15分のプレゼンは、それとして一つのストーリーとなっていることが要求されますから、人数で割る、という発想では、ストーリーの構成と一致するとは限りません。プレゼン内容を4つに区切ることで全体の内容をまとめること

ができる、という状態であるときに、たまたま集まったグループのメンバー数である5で割ってしまっては内容がまとまらなくなってしまいます。

　グループワークで求められているのは、グループの外からは評価されるとは限らない貢献です。グループ内で議論をして、構成を考え、そのための資料を手に入れて、一貫したプレゼンの内容を組み上げることです。第1章でみたように、1年間に40単位登録して、たくさんの授業に出席するだけで、すべての自由時間が埋まっているような学生は、グループのメンバーに迷惑だけをかけることになります。つまり、グループとして集まる時間が確保できないのです。

　「あなた」がグループのメンバーを選べるとしたら、「あなた」と同じように自由時間を確保して、グループでの作業に貢献できる人を選ぶべきでしょう。たくさんの科目を登録して、その授業に参加することに忙しく、自由時間内での共同作業ができない人とのグループワークは、避けておいたほうが賢明です。

　15分のプレゼン時間があったときに、それを人数で割って平等な時間配分を作成するのも誤っています。プレゼンテーションは内容によって分割されるべきです。極端な場合には、一言も喋らない人がいてもかまわないのです。プレゼンのなかで、彼ないし彼女は、こういう資料集めの作業をした、とか、こうしたデータのグラフ作成を行った、といった貢献を紹介してあげれば良いのです。これは、ちょっとしたことですが、賢いプレゼンと、中学生並みのプレゼンとを分ける境目になることです。大学院での学びは、能力に応じたものであり、平等とはほど遠い世界です。もっと簡単に言えば、能力のある人ほど重い負担を背負い、能力のない人はその後ろからついてくる、ということにならざるを得ないものなのです。リーダーシップが必要不可欠となる理由も、この知的作業の分割不可能性によるものです。「あなた」の属するグループが良いプレゼンテーションをしたいと考えるのであれば、人数で割った分業を行うのではなく、それにふさわしい情報がまとめられたスライドを作り込んで準備するべきでしょう。

テーマ設定の自由

　期末試験としてレポートの課題が出されることがあるはずです。レポートにも二つのパターンがあります。第一は、教授がテーマを設定した課題です。たとえば、「コーポレート・ガバナンスにおける社外取締役の機能と機能不全について論ぜよ」といった課題が与えられるケースです。第二は、学生である「あなた」がテーマを設定するように求められるケースです。その場合には、問題発見能力が問われています。

　自由なテーマでレポートを作成する、という課題が出たとしましょう。そのときには、単純な言葉の意味どおりに「自由だ」と考えてはいけません。自由なテーマとは言っても、30回の授業に出席しているのですから、そこで学んだことをまとめる形式でレポートを作成しましょう。授業にまったく関係ないことをゼロから調査して報告するように求められているわけではありません。教授の側からは、理論的な考え方にもとづいた現実の整理の仕方について説明があったことでしょう。それらを現実の事例に即して解釈し、その解釈が正しいかどうかを期末レポートにまとめることで、「あなた」はクラス・パティシペーションによって授業に貢献したのみならず、期末レポートでも自らの優秀さを示すことができるでしょう。優れた学生が教室のなかにいるか、いないかで、授業の質は決定的に異なります。「あなた」という優れた学生による知的貢献が、社会人大学院生のクラスを活性化させるのです。

〈社会人大学院生のよく犯す間違い〉
① 授業で自分の仕事の自慢話をしてしまう。
② 授業に出席するが、ノートをとるだけで発言できない。
③ ケースを読んで議論すべきときに、それが意思決定の問題を問うていることを理解していない。
④ 授業内で行うグループワークで分業をしてしまい、グループで行うプレゼンテーションを平等に分割してしまう。

〈学習効率を高める参加方法〉
① 授業に出席したら議論の題材に即した意思決定の条件にかかわる発言をするように心がけましょう。
② ケースの主人公になった立場から意思決定の根拠を述べましょう。
③ グループワークでは共同作業をする時間を確保しましょう。cc つきのメールやラインのグループで情報交換をする場合には、プレゼンに利用できる文章を書くようにしましょう。
④ グループでのプレゼンテーションでは、誰が、どのような貢献をしたかを、はっきりと述べましょう。そのうえで発表内容に応じたプレゼン担当部分の水準を高めましょう。

第3章　論文を読む

〈キーワード〉
理論と実証、目には見えないもの、論文、Erratum、Retraction、オンライン・データベース、英文学術雑誌、電子ジャーナル、Google Scholar、引用元、Academic Journal Guide、論文要旨

論文の存在理由

　なぜ論文という表現の方法が存在するのでしょうか。論文は、理論と実証という研究の成果を示す表現の形態です。理論とは「ものの見方」であり、実証とはそれが正しい見方であるのかどうかをチェックする作業のことです。「ものの見方」も、それをチェックする作業も、目には見えないものを扱っていることが重要です。価値、競争力、効用、経営資源、信用、リスクなど、経済学や経営学に出てくる理論的な概念は、目には見えないものです。したがって、それは言葉で説明せざるをえません。

　愛、友情、喜び、悲しみ、欲望なども、目には見えないものです。こうした目には見えない感情を表すには文学という表現形態があります。文学も、感情という目には見えないものを言葉で説明します。しかし、文学は実証の対象にはなりにくいものです。小説に登場する主人公が、その恋人に対して抱く愛情が本物であるのか、偽物であるのか、といったテーマを論じたとしても、それは主観的な解釈ないし再解釈にすぎないものです。

　経済学や経営学で要求されている実証の作業は、客観的なデータにもとづいています。それは、科学の一分野である社会科学に要請されるものです。医学・理学・工学といった自然科学、文学・哲学・心理学といった人文科学、法学・経済学・経営学・社会学といった社会科学という分類は、科学の発達にしたがって分化してきたものです。

論文は、こうした科学の発展を支える研究成果の発表方法です。研究者の世界には、論文以外にも、学会報告や学術会議（コンファレンス）、著作による研究発表という方法もあります。しかし、世界的に著名な学術雑誌は、専門家（レフェリー）による査読を経て、厳密に研究成果が査定されることから、信頼性の高いものであると認識されています。

　英文の学術雑誌には、Erratum とか、Retraction と表記されて論文の著者名と論文タイトルが掲載されている例があります。Erratum とは、論文のなかに一部誤りがあり、その正誤を記載したものです。たとえば、ある表に誤記があることが認められた場合に、正しい表を掲げる、といった例があります。Retraction とは、論文の取り下げを示す表記です。論文のなかに修正不可能な誤りが認められたときに、論文の取り下げが公表されます。複数の著者によって論文が作成されたときには、誰がその誤りの責任者であるのかも表記されます。

　論文は専門的な研究の成果です。その発表によって学問の進歩に貢献できるのですが、その論文に誤りがあったときには、その誤りの記録が将来永遠に残る、といっても過言ではありません。修士論文やリサーチ・ペーパーは、少数の優れた論文以外は学術雑誌に掲載されることは稀でしょうが、やはり研究としての正確さを必要とします。誤りのない優れた研究をするには、どのように作業を進めればよいのでしょうか。その点を以下に説明します。

日本語文献検索 CiNii

　日本語の論文を探すには、次のようなステップを踏みます。まず、CiNii というサイトをネットで探して下さい。このサイトは国立情報学研究所という機関によって運営されており、日本で発行される学術的論文の大多数を網羅しています。「フリーワード」と記載された欄に検索したいワードを入れます。たとえば、プリンターで印刷を行うときに利用するインクについて、その製造業のイノベーションを調べる意図があったとしましょう。「インク」、「イノベーション」という二つの単語を入れると64件の検索結果がで

てきます（2017年9月29日検索）。検索結果には、「インクルージョン」や「インクリメンタル」といったカタカナ表記の単語が含まれています。これらは検索ワードに直接の関係はありませんから、それ以外の論文を探すことになります。そうした作業を行うと、「インクジェット・プリンター」の開発過程に関する論文があることがわかります。

「CiNii PDF − オープンアクセス」という表記が論文タイトルの下に表記されていれば、そこをクリックするとPDFファイルで論文をダウンロードすることができます。「機関リポジトリ」と表記されている論文は、その論文が発表されている大学や研究機関が管理しているサイトにリンクされており、論文がダウンロードできる場合もあります。

ネット上で論文がダウンロードできないときには、その論文が掲載されている学術雑誌を図書館で借りなければなりません。どの図書館で学術雑誌が保存されているかを調べるには、CiNiiのサイトにある「大学図書館の本をさがす」というところをクリックします。たとえば、『大分大学経済論集』という学術雑誌を探すと、日本全国の200の図書館に所蔵されていることがわかります。自分の所属している大学の図書館で所蔵していれば、そこで借りることができますが、所蔵がない場合には自分の所属大学図書館から他大学の図書館利用のための紹介状を書いてもらいます。その図書館利用紹介状を持って、学術雑誌が所蔵されている図書館に向かうことになります。図書館によっては9時から5時までしか開館していないところもあります。社会人大学院生として昼間に仕事を持っている場合には、土曜日などを利用することになります。

国立国会図書館には論文をコピーするサービスがあり、「遠隔複写サービス」を利用すれば、遠隔地にいてもコピーを依頼することができます。自分でコピーをするよりは料金は高いのですが、通勤場所や自宅から遠い図書館に通う交通費を考えれば、かえって安くなるかもしれません。

年表を作成する

大学図書館は進化しています。紙媒体に印刷された図書や雑誌を所蔵し、

それを来館者に貸し出すという形態は過去のものになりつつあります。大学図書館では、オンライン・データベースのかたちで新聞、雑誌、有価証券報告書、学術雑誌、官公庁データなどを利用可能です。「あなた」が所属する大学が購入契約をしているオンライン・データベースは自由にダウンロードできます。

　朝日新聞は「聞蔵Ⅱ」、毎日新聞は「毎索」、読売新聞は「ヨミダス歴史館」、日本経済新聞は「日経テレコン」というブランド名で新聞記事検索を提供しています。新聞記事の検索は、歴史的な事項を確認するのに役立ちます。高校の日本史や世界史は、政治史と文学史に偏った編成がなされており、「あなた」もそのなかで年表を見てきたかもしれません。年表は覚えさせられるものであり、面倒なものと感じてきた人も多いでしょう。年表は覚えなくてもよい、という「ゆとり世代」の教育を受けてきた人からすれば、そもそも何のために年表が教科書の後ろについているのか、教わることも考えることもなかった人もいるかもしれません。

　大学院生となった「あなた」は、年表を読むのではなく、年表をつくる立場に立つのです。インクジェット・プリンターの歴史、日本企業のプリンター開発の歴史、起業家の生涯と新規ビジネスの展開など、研究テーマに応じて自分の研究に必要な年表を作成することで、研究対象の発展を詳細に知ることができるのです。

　経済・経営関係の雑誌もあります。『東洋経済』、『エコノミスト』、『日経ビジネス』は、著名な雑誌ですから、MBAを取得する大学院生であれば、一度は読んでおくべき雑誌です。これらの雑誌も、過去の出版物をオンライン・データベースで提供しています。雑誌記事の魅力は、個別の企業に関する話題の掘り下げと、個々の起業家や経営者へのインタビューにあります。中小企業への取材によって論文を作成したいと考える「あなた」は、こうした雑誌で取材を受けている企業を探し、その企業に自分で訪問するためのアポイントメントをとるという手段があります。中小企業の社長さんも、取材に慣れている人は、自分なりの考え方を整理して伝えることに慣れており、インタビューをする側の学生や研究者を鍛えてくれます。

英文学術雑誌の電子ジャーナル

　エルゼビア（Elsevier）、ウォルターズ・クルワー（Wolters Kluwer）、ワイリー・ブラックウェル（Wiley-Blackwell）、シュプリンガー（Springer）というのは大学に向けて学術雑誌を電子ジャーナルで提供する企業のブランド名です。世界的に活躍する研究者は英語で論文を発表していますが、その発表場所は、国際的に発行される学術雑誌です。これらの電子ジャーナルと「あなた」の所属する大学図書館とが契約していれば、英語論文の形式にまとめられた論文をダウンロードできます。各社の発行する学術雑誌の合計は7,000誌を超えます。これらには、医学・工学・経済学など様々なジャンルの学術雑誌がすべて含まれています。

　大学では、こうした学術雑誌を発行する会社と契約をして、図書館のインターネット・サイトから閲覧可能にする権利を購入しています。そのような契約のことをライセンス契約と呼び、一度に利用できるライセンス数が定められているケースもあります。ライセンス契約を結ぶとき、大学はこうした学術雑誌を発行する業者に一定額のお金を支払っています。

　修士課程を修了した後に大学院博士課程に進学を志す人であれば、英語の論文を読み、英語で現地調査を行い、英語で学会発表をして、英語で論文を書くことが、ふつうの作業として要求されます。英会話ができるのは、あたりまえのことであって、特段自慢するべきことでもありません。まず、英文学術雑誌を継続的に読むことによって、学問の先端とは何かを知ることができます。博士課程に進学したならば、エルゼビアやシュプリンガーで発行する学術雑誌に掲載されるような英語論文の作成を志すべきでしょう。

Google Scholar の「引用元」

　英語および日本語の文献検索サイトとしては、Google Scholar があります。CiNii とは異なって、検索ワードを入れると論文と著書が同時に登場します。この Google Scholar には、優れた機能が追加されています。それは、

論文のタイトルと著者名の下に表示される「引用元」と記載されている部分です。これは、検索した論文が発表された後、いくつの論文に引用されているか、を示す数字です。

　数多くの論文に引用されている論文は、研究の基礎として参照されるのですから、優れた論文であることになります。英語でキーワードを入力してみましょう。たとえば、innovation（イノベーション）という単語を入れて検索結果が表示されると、その上位には、「引用元」として1万以上の数値を示す論文名が表示されることがわかります。1万以上の論文や著作に引用される論文や著作は、その研究テーマに関係する基本文献となっていると言ってよいでしょう。多くの研究者から評価される研究であり、その研究を批判するにしろ、継承するにしろ、一度は手にとって読んでみる価値があることになります。

　「引用元」に掲載された論文にも、さらに「引用元」件数が掲載されています。そのことの意味は何でしょうか。まず、最初に研究の基盤となっているような基礎文献がわかります。次に、その基礎文献を使って研究を発展させ、やはり多くの研究者に参照されている研究があることがわかります。つまり、「引用元」に紹介されている影響力あるいくつかの論文を辿ることによって、ある研究テーマの発展プロセスを現在に向かって辿り、理解することができるのです。

　Google Scholarの検索結果で表示される論文タイトルの右にリンク先が青い文字で表示されていれば、そこから論文をダウンロードできます。ただし、料金がとられるサイトもありますから、「あなた」の大学で契約しているオンライン・データベースからダウンロードできるかを同時に確認したほうが良いでしょう。

論文の質

　論文の質を評価するときに、Google Scholarの「引用元」の数で評価する方法は有力なものです。そのほかにも、いくつかの指標があります。一つの論文が発表されてから後、2年間に何件の論文に引用されたかを数値で表し

た指標をインパクト・ファクターといいます。これは学術雑誌を単位として測られており、学術雑誌の格を決めていきます。インパクト・ファクターが計測されていない学術雑誌もあります。そのような、誰も引用しない論文が発表されている学術雑誌に掲載された論文を研究業績には数えない、という欧米の大学もある、と聞きます。

　そうした慣行を明確な制度にしているのが、イギリスのビジネス・スクールです。イギリスには、Association of Business Schools（略称 ABS、しいて訳せば「ビジネス系大学院協議会」といった名称です）という大学院の連合体があります。この団体は、Academic Journal Guide[1] という雑誌を閲覧可能にしています。4年に1度程度改訂されており、2017年現在では、2015年版を見ることかできます。

　この Academic Journal Guide には、Accounting（会計）、Business History and Economic History（経営史および経済史）、Entrepreneurship and Small Business（起業家活動と小企業）、General Management（経営一般）、Ethics and Social Responsibility（倫理と社会的責任）など、ビジネス・スクールで教えられ、研究されている分野ごとに学術雑誌をランキングしています。ランキングは 4*、4、3、2、1 の5段階となっています。イギリスのビジネス・スクールに勤める友人によりますと、この Academic Journal Guide に掲載されていない学術雑誌に論文を掲載しても、研究業績とはみなされない、とのことです。イギリスのビジネス・スクールでは、採用・昇進・給与の水準を決めるのは、できるだけ高いランクの学術雑誌に何本の論文を掲載しているか、という実績で決まるそうです。

　イギリスでは、専任講師に採用されるときにも、准教授としてイギリス国内の他大学に転職するときにも、准教授から教授に昇進するときにも競争がありますから、4*、4、3 といった高い評価を得た学術雑誌に論文を発表しているほうが有利になるといいます。Academic Journal Guide で高い評価を得ている学術雑誌に論文を掲載することは学者の目標になっているのです。

---

[1] https://charteredabs.org/academic-journal-guide-2015/ より登録をして閲覧できます。

要旨の使い方

　大学院の研究では論文を読む必要があります。論文を読んで理解できる能力を身に着けることで専門的な視点が身につきます。もちろん、教科書とケースだけを読んで、授業で課されるレポートを出せば大学院での単位を取得できて修了することもできるでしょう。しかし、専門分野への理解を深めるには、専門的な学術論文を理解する努力をしなければなりません。

　CiNii や Google Scholar を検索すれば、多数の論文が見つかりますが、そのすべてを読むことは不可能です。どの論文を読むか、読まないかを決めるには、まず論文要旨を読みます。これは abstract として掲載されている部分で、論文の研究目的、研究方法、明らかになった事実などが短くまとめられています。それらを読むことで取捨選択していきます。

参考文献リストをチェックせよ

　論文をダウンロードして読む準備ができたら、まず、参考文献リストをチェックして下さい。その論文が参考文献とするのは、どのような学術雑誌でしょうか。その学術雑誌では、どのようなテーマが追究されているのでしょうか。そうした視点から論文を読むと、研究が独立して存在しているわけではないことが理解できるでしょう。マーケティング、ファイナンス、人的資源管理、経営戦略、国際経営、会計など、さまざまな研究分野があり、学術雑誌に掲載される論文の研究のテーマもそうした学問的な基礎のもとに打ち立てられています。

　従来の研究分野にこだわらずに、いままでになかった新たな研究分野を打ち立てる、ということが簡単にできるのであれば、こうした研究分野にこだわる必要はありません。しかし、そうした作業は一人でできるものではありません。1本の論文が数多くの研究者に引用され、従来の考え方が新しい考え方に進化していくプロセスを確認するには、何年もの時間がかかります。

　修士号つまり master という学位が意味するのは、従来の研究方法を理解

してマスターしている、ということにあります。それは、独自の研究成果を提示する博士号（doctor あるいは Ph.D.）とは異なる水準にあります。修士課程では、背伸びをして転んでしまうのではなく、地道に理解力を高める、という訓練のためにも論文を読んでいく必要があります。地道に理解力を高めるための一つの方法としては、論文の段落の数を数え、一段落ずつ読む、という方法があります。これは数理的な論文であれば、ひとつひとつの方程式ごとに数式の意味をチェックする作業に該当します。一本の論文が、いくつの段落から成立しているのか数えてみて、その段落番号ごとに内容をノートにとる、といった作業が地道に理解力を高めるものなのです。

〈社会人大学院生のよく犯す間違い〉
① 論文を読まずに論文が書けると思っている。
② 授業で提示された参考文献しか読まない。
③ 英語の論文を読まない。
④ 学術論文を掲載する学術雑誌の質を知ろうとしない。

〈学習効率を高める学び方〉
① 毎月1本論文を読んでも2年間で24本しか読めません。良い論文をたくさん読む人が、良い論文を作成することができます。それはリサーチ・ペーパーでも同じです。月に一本、論文を読みましょう。そのためには履修する科目の数を制限しましょう。
② 「あなた」の研究に関連する論文を探して一段落ずつ読破していきましょう。
③ 英語の論文を一本読破することで英語読解の能力も高まります。それは論理的な思考能力も高めます。
④ 良い論文は、優れた学術雑誌に掲載されます。そうした優れた論文の掲載されている学術雑誌を探し、読破できる能力を身につけましょう。

第4章　学会の意味

〈キーワード〉
Academy of International Business、Academy of Management、Strategic Management Society、教授、准教授、専任講師、非常勤講師、plenary、competitive paper、interactive paper、panel、査読、学術研究データベース、研究書、啓蒙書

日本の学会

　私は、たくさんの学会に入っています。日本の学会としては、日本経済学会、日本経済政策学会、日本経営学会、国際ビジネス研究学会、日本ベンチャー学会に加入しています。日本経済学会の年会費は12,000円、そのほかの学会年会費は10,000円です。毎年多額の年会費を払うことになるにもかかわらず、どうしてこれらの学会に加入しているのでしょうか。それは、私の学問の積み上げに依存しています。

　私が学会に入ったのは、大学院の博士課程で学ぶようになってからです。最初に加入した日本の学会は日本経済学会ではなかったかと思います。東京大学大学院経済学研究科応用経済学専攻というのが博士課程での所属でしたから、経済学の学会とは何か、を知る意味で加入したと思います。私は、ミクロ経済学の一分野である産業組織論という研究分野を学び、海外直接投資の研究に役立てる、という企図をもって大学院博士課程に入学しましたから、そのための基礎を勉強していた頃です。

　次に入った学会は日本経済政策学会だったと思います。大学院の指導教授が学会長を務める学会でしたし、1980年代後半から90年代前半にかけて規制緩和をいかに行うか、という経済政策をめぐる論議が活発に行われている時期でしたから、学会での議論には活気があり、そこから受ける知的刺激が

ありました。日本経済学会が理論研究を中心としているのに対して、日本経済政策学会は経済政策のあり方を議論するという意味で実践的な傾向が強いように思います。産業組織論は、独占禁止政策に影響を与えています。また、私は学部時代に経済政策論のゼミに入っていましたから、当時のゼミの先生が理事をしておられた学会に自分も入るのは自然な流れでもあり、2017年現在、理事も務めています。

　日本経営学会には、法政大学経営学部に就職してから先輩の教授に加入を薦められました。加入してすぐに学会報告をするように示唆されたのも懐かしい思い出です。経営学部に勤めるのですから、経済学とあわせて経営学を学ぶ必要がある、というのも当然のことです。経営学の研究者のなかには、経済学をバックグラウンドに持って研究している人も多いのですが、そうした多様な研究基盤を受け入れる学会があることは心強いものでした。

　国際ビジネス研究学会には、1994年の学会設立の頃から参加しています。この学会には、私の経営学部での担当科目が国際経営論であることから参加しました。参加した数年後には理事になり、学術雑誌の編集委員など、少なくとも10数年は学会運営の活動をしました。

　日本ベンチャー学会には、法政大学イノベーション・マネジメント研究センターの所長を務めていた2004年頃から参加しました。この学会は、日本の起業家教育と産学官連携についての研究を行う学会であり興味深いものでした。というのは、国際経営の分野では多国籍企業と呼ばれる大企業が研究の中心でしたが、この頃には、ボーン・グローバルと呼ばれる起業の形態、つまり、起業してすぐに国際化した活動をする国際企業に注目が集まっていた時期でもあったからです。

　以上、私が加入している日本の学会を並べると経済学と経営学がバランスしています。つまり、経済政策による影響を受ける海外直接投資と日本企業を中心とした国際経営を研究するために学会活動をしている、とまとめることができるかもしれません。これが私の研究上のスタンスであるということになります。研究成果を全国大会で発表したり、統一論題と呼ばれる招待講演をしたり、報告セッションの司会をしますし、学会で知り合った研究者と共同研究をしてきました。

学会の効能

　学会での報告は、若手研究者にとっての登竜門ということができます。日本の学会は、日本の大学で就職したいと希望する若手研究者が知り合いの研究者を増やすという効果を持ちます。優れた研究をする若い研究者と、採用を考える大学教授とが知り合うことのできる場です。学会報告では、コメンテーターとして先輩の研究者を指名することもできます。その研究報告が優れたものであると認められれば、共同研究に参加するように誘われることもありますし、研究会やシンポジウムへの参加を呼びかけられることもあります。

　大学の教授・准教授・専任講師という常勤の仕事を募集すると、一つのポジションに30人から80人くらいの応募があるといわれています。高学歴の大学院生たちが、優れた研究業績を携えて応募するのですから、競争は厳しいものです。学会での報告や、それに続く論文発表の実績は1回だけでは意味がないとしても、継続して行うことで研究実績として積み上がっていきます。そうした意味で学会での研究報告は研究職就職市場への入口という役割を果たしています。

　大学には、教授・准教授・専任講師という常勤の仕事以外に、非常勤講師という仕事があります。非常勤講師として1科目を担当すると月額3万円前後の給与を受け取るのが「相場」となっているようです。大学では、ビジネス英語、貿易英語、ビジネス英会話、貿易実務、インターンシップなど、実務と強いつながりを持つ人気科目がありますが、それらを担当する教員は、つねに人手不足と言ってもよいでしょう。修士論文を書いた社会人大学院修了生が、大学で非常勤講師としてこうした実務科目を担当する、という実例もあります。実務の重要性が高く評価される場合には、修士号や博士号の学位がなくとも学士号だけで常勤の職に就く場合もあります。学士号取得者との競争となった場合、実務を知っていることに加えて、修士号を獲得していることが強みになります。

　大学の各学部が非常勤講師をどのようにして選ぶのかは、さまざまな場合

があるでしょうが、大学では、教員の人事問題を扱うときに教授会という意思決定機関が重要な役割を果たします。基本的には、大学の専任教員の審査にもとづいた推薦があり、教授会での反対がなければ決まる、と言ってよいでしょう。では、いかにして知り合いの大学教員に推薦をもらうのでしょうか。これは、学会に参加して、知り合いを増やし、「あなた」の実績をアピールするという活動を抜きにして考えることはできません。

学会は、先端的な学問研究の発表の場ですが、同時に職探しの場であり、授業担当者を探す場でもあるのです。大学の定年は65歳から70歳となっているのがふつうですから、社会人大学院に進学して修士課程を修了しておけば、民間企業に勤めて60歳ないし62歳で定年を迎えた方が、大学の非常勤講師として教鞭をとるというのも社会貢献活動になるでしょう。そうした実例は多数あり、私も実際にMBA取得者に非常勤講師をお願いしたことがあります。現段階では、誰も「あなた」の実力を知らないのですから、大学教員が集まる学会で研究報告を行い、「あなた」の実力を示す必要があるのです。

海外の学会

私は、海外の学会にも加入しています。Academy of International Business（略称AIB、国際経営学会）、Academy of Management（略称AOM、経営学会）、Strategic Management Society（略称SMS、戦略経営学会）には長く参加してきました。

AIBは、その旗艦学術雑誌とも言えるJournal of International Business Studies（国際ビジネス研究雑誌）という学術雑誌があり、私が博士課程の学生のときにブライアン・トイン教授との共同論文が掲載されたことがあります。海外直接投資の理論的な学説史をまとめた論文でしたが、この学術雑誌は、すでに述べたイギリスのAssociation of Business Schools（ABS）のジャーナル・ランキングでは4*のついている難関雑誌です。私は、この英語論文を含めて日本語で博士論文を作成しました。博士論文を作成する最終過程、つまり、予備審査を受けて審査員の先生方からコメントを頂き、それ

を書き直す過程では1か月間、自宅から一歩も出なかったことを思い出します。つまりAIBで行われているさまざまな研究は、私の研究の根幹をなす部分に重なりあうのです。

　私が大学院生の頃は海外の学会に参加することもなかったのですが、ここ10年ほどはAIB[1]、AOM[2]、SMS[3]など、できるだけ海外で開催される学会の年次大会に参加して学会報告をするようにしています[4]。それは、学会報告の場を通じて論文へのコメントがもらえるからです。

1　筆者の報告としては、Horaguchi, H. H. and Susumago, T., "Agent-Based Simulation Modeling for MNE Location Choices: Emergence of a Nicher under the Market Share Maximization Strategy," Academy of International Business (AIB) 2017 Annual Meeting, Dubai, United Arab Emirates, July 3 in July 1-5. Horaguchi, H. H. "Theory of Born-Global Entrepreneurship: Strategizing Asymmetrical Symbiosis of Business Ecosystem," Session 2.5.12, Track 8, Academy of International Business 2016 Annual Meeting (June 27-30), New Orleans, USA, June 29, 2016. http://documents.aib.msu.edu /events/ 2016/AIB2016_Program.pdf にプログラム掲載 (p.69)。共同研究報告としては "International Internship for Business Education: An Experiment to Observe Creation of Trust," Yasushi Kodama, Seiki Yukimoto との共同、Session 3.4.7, Track 15: Teaching IB (Special Track): IB Course Content and Teaching Innovations, Academy of International Business 2015 Annual Meeting, Bengaluru, India, (June 27-30), June 30, 2015. *http://documents.aib.msu.edu/events/2015/AIB2015_Proceedings.pdf* にプロシーディングス掲載 (p.241)。

2　近年の筆者の報告としては、"Commensalism: Formation of Innovation Clusters through University-Business-Government Alliances," Program Session: Strategic Relationships, Academy of Management 2015 Annual Meeting (Aug. 7-11), Vancouver, British Columbia, Canada, Aug 11, 2015. 同名の学会プロシーディングスをStrategizing Activities and Practices: Academy of Management Proceedings 2015, 2015:1 14049; http://proceedings.aom.org/content/2015/1/14049.short に掲載。doi: 10.5465/AMBPP.2015. 14049abstract。2017年には Hong, G., Shin, M., and Horaguchi, H. H. "Transformational and Transactional Leadership on Affective Commitment: The Mediating Role of Trust" および Haruo H. Horaguchi, Yasushi Kodama, Seiki Yukimoto,. "International Internship: Business Education for Leadership and Trust," the 2017 Academy of Management Meeting, August 4-8 in Atlanta, Georgia において2つの研究報告を行った。

3　近年の筆者の報告としては、"Internal Structure of Innovation Cluster: Stochastic Interdependence in Business-University-Government Alliances," The 33rd Strategic Management Society Annual International Conference, 査読有, Sept. 28 - Oct. 1, 2013, Atlanta, U.S.A.

4　上記の学会のほかに、British Association for Japanese Studies、The 36th International Symposium on Forecasting、Production and Operations Management Society (POMS) などにも参加して学会報告を行ってきました。

学術研究論文は未発表の論文を公表したものでなければなりません。すでに公開した論文を別の学術雑誌に公表することはできません。二股をかけることはできないのです。しかし、学会で発表してコメントを受け、修正したものを学術雑誌に発表することは、むしろ奨励されています。AIB、AOM、SMSの年次大会への論文投稿規定には、その点が明記されていますのでサイトを参照して下さい。

　なお、念のために述べておきますと、学術雑誌に発表ずみの研究成果を学会で発表することはできません。あくまでも、学会発表は、学術雑誌に発表するためのステップとなるべきものです。

学問の先端は交流から生まれる

　海外の学会も、新人の登竜門であることは日本の場合と同じです。ただし、日本よりも学生個人による研究報告は少なく、指導教授との共同研究、指導教授の研究室から育って就職をしている先輩研究者と指導教授との3名による共同研究、研究関心から結びついた共同研究など、様々な形での共同研究が多いように思います。これにはいくつかの理由が推測されます。

　第一に、文献サーベイ、データ収集、データ分析、論文執筆などで共同研究者がそれぞれの強みを持ち寄って集まることによって、より質の高い論文を作成できる、というメリットがあります。

　第二に、研究上のアイデアが個人単独のものではなく、チームとしてのディスカッションから生まれたことを明確に認識している、ということです。研究テーマの選定や先行する論文の存在などを指導教授から教えてもらっている場合、学生独自の論文とは言い難い、という点があるのかもしれません。

　第三は、学生が就職を決めるときに、指導教授からの推薦状が重要な役割を果たすからかもしれません。欧米では、就職にあたって複数の人から推薦状をもらって就職応募書類に同封するという社会的な習慣が存在しているために、学生が自分ひとりの研究業績であることを主張せずにチームでの仕事であることを強調することになるのかもしれません。そのことによって、自

分に好意的な推薦書を書いてくれる指導教授との関係性を保つということになるのかもしれません。

　第四は、学会に参加する旅費・宿泊費などを研究予算から支出する場合、指導教授が予算を握っている、という可能性があります。指導教授と連名の論文を発表するのであれば、航空運賃や宿泊費を研究費から支出することが可能になる、というわけです。

　海外の学会が開催する年次大会は概ね4つの構成要素から成り立ちます。第一は plenary と呼ばれる全体集会での研究報告であり、これは学会のスターである有名教授が招かれて行います。第二は、competitive paper のセッションであり、これは論文として完成しているものについて審査を行い、その概要を発表するものです。第三は、interactive paper のセッションであり、未完成の論文であることを前提として報告と議論を行うものです。第四は、panel と呼ばれるセッションであり、5～8人程度の研究者が共同して一つのテーマについてパネル・ディスカッションを行うものです。これらの企画は、そのパネルの代表者が立て、パネラーを集めることになります。これには金融ショックや大地震の影響など、その年の重要なできごとに関するパネルも含まれます。

　学会報告の最終目的が論文作成とその学術雑誌への公表にあることは言うまでもないのですが、自分の研究テーマに共通する問題関心をもつ研究者が見つかれば、国際共同研究を開始することも可能です。研究者との知己を広げるという目的が重要であれば、上記の4つの報告形態のうち、第3、第4の形態も十分に役立つことになります。海外の学会に参加することで、将来の共同研究のパートナーを探すことができるのです。

学者の能力を評価せよ

　日本の学会と海外の学会の大きな違いは、その競争の度合いです。明確な統計があるかどうか知りませんが、日本では、学会報告を許可される論文の比率は、応募総数の1倍に近いものでしょう。つまり、ほとんどの論文が報告を許可されるのが実態でしょう。あまりに研究内容が乏しい場合に報告を

却下されることはあっても、応募論文の数が多すぎて競争倍率が高くなる、ということは少ないように思います。その推測の根拠となるのは、学会報告のための教室や会議室の数が4つとか、5つ程度で開催される学会が多いからです。もしも、応募が多ければ利用する教室の数を増やすことは難しくないはずなのですが、その必要がないとすれば、応募論文の数が海外の学会ほど多くはない、という推測が成り立つでしょう。

　AOMの年次大会が開催されるときには、シェラトン、マリオットやヒルトンといった大きなホテルを3つくらい会場として利用して、それらのホテルのなかの複数の会議室で学会報告が行われます。competitive paper のセッションで報告を許可された論文の比率や interactive paper のセッションでの報告許可の倍率なども公表されていますが、報告が許可されるまでの競争倍率は2倍前後であるのがふつうといって良いでしょう。

　社会人大学院生として日本の大学院で学ぶ「あなた」は、どの程度の学問研究水準を身に着けた教授に師事しているのかを知っておくべきでしょう。地上から見上げれば高度300メートルで飛ぶセスナ機も高いところにおり、高度5000メートルを飛ぶジェット機も高いところにいるように見えるでしょう。大学院を担当する教授も、いろいろな高さで飛んでいます。大学教授の飛行高度を見分ける作業をしておくことで、「あなた」自身が飛行するときの高度が定まります。高度300メートルしか飛んだことのない教授が、高度5000メートルを飛ぶためのテクニックを教えることはできません。

　まず「あなた」を指導してくれる教授は、日本語で、何本の査読付き学術研究論文を発表しているでしょうか。所属する学会で発行している学術雑誌に論文を公表しているでしょうか。この点に注意する必要があるのは、日本の学術雑誌には査読のシステムを導入していない雑誌がかなりあるからです。大学の「紀要」と呼ばれる雑誌がそれで、大学教員の研究報告として利用されています。研究所、シンクタンク、コンサルティング・ファームなどでも独自に機関誌などを発表しており、そうした部内用の雑誌に調査報告書を発表している場合には、一見、学術論文のように見えるのですが、実は厳密な査読制度の無い機関部内で作成されたレポートが公表されている場合もあります。

学術論文については、その質を評価する必要がありますが、そのためのシステムが査読と呼ばれる匿名レフェリーによる評価です。日本語で査読付き学術研究論文を発表している研究者は、将来海外での論文発表を目指している真面目な研究者と言えるでしょう。しかし、日本の学会で報告しているだけの水準では、まだ海外から認められる学術的な研究成果は発表できていないのです。日本の場合、医学系や工学系の大学院では海外学会での発表が奨励されており、その成果がノーベル賞の受賞にも結びついています。しかし、社会科学系とりわけ日本における経営学の領域では、大学教員として就職したのちに海外での学会報告を経験しない研究者も多いのです。

　「あなた」が指導を希望する教授は、過去に何回、海外の学会で報告してきたでしょうか。それは最近の研究成果でしょうか。それとも、大学院博士課程を終わるころの若い頃の業績でしょうか。また、何本の査読付き学術研究論文を英語で発表しているでしょうか。その論文は、Association of Business Schools（ABS）の Academic Journal Guide で何点の評価を得ている学術雑誌でしょうか。

　教授の研究業績を調べるためには、検索サイト Google Scholar に教授の氏名をアルファベットで入力してみると良いでしょう。その教授が過去に発表してきた論文のタイトルを見ることができます。Google Scholar Citations という検索サイトで教授の氏名をアルファベットで入力すれば、その教授が発表してきた英語論文が、発表後、何本の論文に引用されてきたかをまとめて知ることができます。学会に強い影響を与えた研究を発表していれば、「引用元」と表示された数字が高くなります。

　日本では、大学教員の昇進に際して一定数の査読付き英語学術論文の発表数を持つことを基準としていない大学も多いのです。着任からの在籍年数、日本語の論文、日本語の書籍を数点発表していることで、専任講師から准教授、准教授から教授への昇進基準を満たすのです。さらに、教授に昇進してしまえば、何年間研究論文を公表しなくとも降格することはありません。日本の大学における雇用慣行では、いったん教授に昇進してしまうと、どれほど長期にわたって研究論文を発表しなくとも降格することはないように、教授会という組織が教授の「権利」を守っています。

第4章　学会の意味

　大学院で教鞭を取る教授のうちの誰が優れた研究者であるかは、大学院で学ぼうとする「あなた」自身が情報を集めて判断しなければなりません。そうした状態を改善する試みとしては「学術研究データベース」があります。これは、第三者の参照可能なサイトを大学が公表して、博士号の有無、学術雑誌への掲載実績などを示すものです。ネットで検索すれば、「学術研究データベース」の整備が進んでいる大学を見ることができるでしょう。しかし、残念ながら「学術研究データベース」による情報公開といった程度の施策では、研究能力のない大学教員を排除する力にはなりません。つまり、事実として誰が研究を行ってこなかったのかを知ることはできますが、その人たちが授業を担当しなくなるわけではなく、大学院で「あなた」の指導教授となることもできる仕組みなのです。

　大学教員の再教育は、学生との相互交流を通じて行われうるように思います。社会人大学院生は、大学院で学んでいるだけではなく、大学教員に知的刺激を与える存在となっています。この文章を読んでいる「あなた」が修士論文を完成させたら、それを英文に書きなおして海外の学会で報告し、評価の高い学術雑誌に発表をすることで、大学教員に刺激を与えられるはずです。社会人大学院生の「あなた」は、これから自らのために学んでいくことでしょうが、その真摯な姿勢が大学教授に知的な刺激を与えることになるでしょう。

　学会は、研究報告の場です。研究の内容と水準に応じて、研究報告の場が決まっていきます。世界水準の大きな学会で報告を許可されている教授もいるでしょう。そうした教授に指導を受けることができれば、「あなた」の研究成果も世界水準に近づいていくはずです。工学部や医学部の大学院教育では、修士課程修了者とその指導教授による国際学会報告が行われています。経営学の分野では、そうした教育方針の採用が遅れているのです。与えられた報告の場は、自ら求めた場にほかなりません。どのような場を求めるかは、「あなた」の意志と努力にかかっています。

出版力の評価

　学会報告は、学術雑誌での論文発表のための準備です。どのような発表方法を選ぶべきかについて、ふたつの注意点を述べておきましょう。第一は学術雑誌の運営主体です。正確に言えば、学会だけが研究発表の場ではありません。学会が運営する学術雑誌以外にも研究発表の場はあります。たとえば、『アジア経済』という学術雑誌があります[5]。この学術雑誌は、日本貿易振興会・アジア経済研究所で発刊している学術雑誌で、アジア各国の政治・経済・経営・社会制度などを研究する論文を査読つきで掲載しています。この学術雑誌は、特定の学会とつながっていませんから、自由に投稿することができます。

　私が修士論文を公表したのは、この『アジア経済』という学術雑誌でしたが、修士論文は11月から12月ごろには完成していましたから、その原稿を『アジア経済』に送り、その修正と掲載決定が決まったのは大学院修士課程を修了する1か月前の2月ごろでした。その頃には、博士課程の試験シーズンとなっていましたから、博士課程受験出願のときには、修士論文が『アジア経済』に掲載予定であることを研究計画書に記載することができました。そのようなことができたのも、本書第1章で書いたように1年次に科目をとりすぎず、1年次の夏休みにはデータ収集にとりかかっていたからです。

　査読つき学術雑誌への投稿に資格は必要ありません。学歴など関係なく、研究を行うことができるのです。実力勝負の世界であることは、学問研究の世界の面白いところです。ただし、著名な学術雑誌に論文を掲載するためには、さまざまな訓練が必要であり、その訓練の場が大学院なのです。基本は研究能力の涵養にあります。

　第二の注意点は日本語書籍の出版についてです。学術論文は少ないが、いろいろな出版社から数多くの書籍を出版している、という教授もいるでしょう。そのことの意味は明白です。そうした教授は、出版社から評価される面

5　洞口（1986）参照。

白い本、よく売れる本、わかりやすい本を書く才能がある、ということです。本にまとめられた内容についてのわかりやすい解説を書く能力がある、ということでしょう。それは一つの才能です。ただし、先端的な学問的研究を行っているかどうかは、わかりません。繰り返しますが、「あなた」自身で教授の知的水準を評価する必要があるのです。

　日本語の書籍でも研究書や啓蒙書と呼ばれる学問的水準の高い本があります。日本の大学院で指導を行い、日本人学生による日本語の博士論文を審査する立場に立つ大学教授であれば、日本語で研究書や啓蒙書を出版していることが望ましいでしょう。日本語と英語で学術論文を書き、日本や海外で学会報告をして、わかりやすい教科書や概説書を書き、さらに研究書をまとめて発表する。大学教授の作業とは、こうしたものである、といえるでしょう。

　論文の発表に至るプロセスとして学会での報告があり、その意味では、「あなた」にとっても、「あなた」が師事する大学教授にとっても、学会は同じ役割を果たします。優れた研究論文や研究書には、学会賞や学術的な賞も与えられますから、そうした賞を獲得していることも、研究の才能がある教授を見分ける鍵になるでしょう。「あなた」も、過去に学会賞を受賞した論文を精査して、その水準を超えることで、賞を手に入れることができるはずです。研究者としての才能は、第三者によって評価されて初めて世に認められるものとなるのです。優れた研究者に師事して、「あなた」にも経営学という実学を身に着けてもらいたいと思います。

〈社会人大学院生のよく犯す間違い〉
① 大学教授がどのような研究を行って学会報告をしているかについて興味を持たない。
② 学会が発行している学術雑誌を手にとって読もうとしない。
③ 大学教員の博士号の有無、英文学術雑誌への掲載実績など、学者の実力を評価しようとしない。
④ 大学教員による日本語での研究業績しか知ろうとしない。

〈研究効率を高める学び方〉
① 「あなた」が指導を受ける大学教授がどのような学会に入っているか、知りましょう。その学会での年次大会でのプログラムを見ると研究動向を理解できます。
② 「あなた」の指導教授が所属する学会が発行している学術雑誌を読みましょう。そこに掲載されている論文の知的水準を目指すべきです。
③ 国際的な水準で研究をしたい「あなた」が指導を受けるべきなのは、査読つき英語学術雑誌に英語論文を発表する水準にいる研究者であるべきでしょう。
④ 実務に優れた実績をあげて大学教員の職につく実務家教員と呼ばれる人たちもいます。研究業績は無くとも「あなた」に、楽しく、ためになる話をしてくれる人かもしれません。「あなた」が学ぶ大学教員の知的水準を「あなた」が判断して下さい。

第5章　実証研究の方法

〈キーワード〉
理論研究、実証研究、反証可能性、学問的貢献、定性的研究、定量的研究、インタビュー調査、アンケート調査、参与観察、アクション・リサーチ、一次資料、二次資料

理論研究と実証研究

　大学院で進められている研究には、理論研究（theoretical research）と実証研究（empirical research）という二つの種類があります。経営学は主として企業経営とその組織に関わる理論から成りたち、経済学は主として市場と政府に関する理論から成り立っています。市場は消費者と企業から成り立つので、その意味で経済学と経営学とは重なり合っています。

　理論とは、ある特定の現象がなぜ起こるのか、を説明する考え方のことです。もしも、この「ある特定の現象」が起こる理由を説明できれば、そこには理論があることになります。逆に、「ある特定の現象」が起こると推定されるときに、別の現象が起こっていたとしたら、どうなるでしょうか。この理論は、重要な現象を見落としていることになり、その見落としという欠落のある理論である、ということになります。

　理論に欠落があるか、ないか、を実験や観察といったデータで示すのが実証研究です。実証研究によって理論に誤りがあることを認めることができることを、反証可能性（falsifiability）といいます。英語のfalseとは形容詞で、「誤った」という意味です。Trueの反意語です。それに語尾をつけたfalsifyとは誤りを意図的に作り上げること、つまり偽（いつわ）ること、嘘をつくことを意味します。すると、falsifiabilityとは偽りであることを理解できる能力といった意味であることがわかります。科学は、この反証可能性を備え

ていることがその存立の条件となります[1]。

　ある理論を打ち立てたとすると、その後、その理論の正しさを確認するために膨大な数の実験や観察が行われます。科学者たちは、集団として、ある理論が正しいかどうかを検証していくのです。

　科学のようで科学ではないものを思い浮かべてみると、科学的な考え方の特徴がわかるでしょう。その例としては、占いや「前世の守護霊からのお告げ」といったものがあります。占いは、当たっているか、当たっていないか、という検証が行われ、当たる占い師が繁盛する、というメカニズムもあるようですが、お正月に寺社でひく「おみくじ」などは、そこに書いてある文章を信じても良いし、信じなくとも良し、ということが普通でしょう。100円で買ったおみくじに、「お産・安心してよし」と書いてあるのを読むと、私は、誰のお産について安心すればよいのか、しばし考えてしまいます。

　「前世の守護霊からのお告げ」というのは、さらに反証は不可能です。「前世の守護霊」と交信できると主張する人から「あなたの前世からのお告げです」と言われたとすれば、それが正しいのか、間違っているのかは「前世」を確認しないと判定不可能です。「前世」の人は、すでに亡くなっていますから、亡くなった人が「お告げ」を下すことができる、という事実を確認しなければなりません。さらに「守護霊」なる役割をどのようにして果たすことができるのかについても検証が必要です。おそらく、それを確認する方法は、現在の科学的な方法では無理なのではないでしょうか。つまり、「前世の守護霊からのお告げ」については反証可能性は成立していないのです。反証可能性がない言明は科学的ではありません。

MBAでできること

　理論研究と実証研究があると言われると、理論を研究していたほうがカッコイイと思うかもしれません。ニュートンにしても、アインシュタインにし

1　ポパー（1961, 1995）を参照。

ても、私たちは理論物理学者としてその知名度を学びますから、なにかの理論をつくりだせれば、大きな科学的貢献になることは小学生のころから刷り込まれていることになります。

しかし、ダーウィンのように地球上の多くの地域を船で旅をして、そこで観察した事実を積み上げて進化論を発表した学者もいます。旧約聖書によれば、神が地球上に存在する生物を1週間で創り上げた、という記述があります。その記述は、ダーウィンが航海をしながら観察した多数の類似した生き物の存在や、ガラパゴス諸島といった特定の地域でのみ生息している動物の分布を説明できません。ダーウィンによる膨大な時間をかけた観察という作業がなければ、進化論という理論は生まれていなかったでしょう[2]。

突然、重大な理論についてのアイデアが天から降りてくるということはありえません。経営学修士、つまり、MBAで学ぶべきは、いままでに提示されてきた理論を理解し、その理論が正しいか否かを検証する作業です。理論が提起する考え方を部分的にでも否定する事実が見つかったとすれば、それは、大きな学問的貢献です。

実証研究の使命は、理論の検証にあります。すばらしい理論にも重大な欠落があるかもしれません。逆に、検証によって理論の正しさが示される場合もあるでしょう。その検証の方法を学ぶのが修士課程であり、その検証をもとに新たな理論的な考え方を提示するのが博士課程ということになります。もちろん、博士課程で新たな理論に辿りつけたとすれば、それは、かなり幸運であり、かつ、理想的な状況である、と言ってもよいでしょう。実証研究も理論研究も、その坂道は急であり、かつ、長いものなのです。

本書第12章では、経営理論のつくり方について再度触れます。以下では、理論を検証するための実証研究の方法について説明をしておきましょう。実証研究とは、理論の正しさを証明するための研究であり、同時に、理論の誤りを指摘するための研究でもあります。そうした実証研究の成果として、新たな理論が要請されることになるのです。

---

2 ダーウィン（1959）参照。

定性的研究と定量的研究

　定性的研究（qualitative research）と定量的研究（quantitative research）という実証研究に関する分類方法は、化学の世界での分類を社会科学に当てはめたものと言ってよいでしょう。たとえば、ガラスのコップのなかに液体が入っているとしましょう。その液体の成分として、何が入っているかわからない状態にあるとしましょう。どのような成分が入っているのかを特定するのが、定性的研究です。仮に、液体のなかに塩化ナトリウム（塩、NaCl）が入っていることが定性的にわかったとしましょう。すると、次には、その液体のなかの何パーセントが塩化ナトリウムなのか、比重を求める作業が残されます。それが、定量的な分析です。

　社会科学の場合、定性的な分析の対象は、塩化ナトリウムのように質量をもったモノではないことも多いのです。賃金や企業の総資産金額、一定時間内の作業量などは量を持っていますが、競争優位、信頼、効用、価値、といった経営学・経済学に用いられる概念は、目には見えない要因から成り立っています。製品デザイン、工場立地、文書化された就業規則などは、目には見えますが、その違いをどう測るのか、という課題を考えると可視化された範囲で比較することは難しいことがわかります。

　定性的な実証研究とは、ある目に見えない理論的な概念を思考の中心におきながら、自らの関心がある研究対象を観察するという作業を行うことを意味します。具体的な作業はインタビュー調査とアンケート調査など、その現象に関わる人々からデータを集めることになりますが、その作業の存在意義は理論の検証にあります。理論の検証が進むと同時に観察対象から新たな意味を読みとることができ、その意味を説明することが新たな理論的概念の創造につながります[3]。

　理論には概念が必要です。重要な理論は面白い概念から成り立っていま

　3　アイゼンハート（Eisenhardt, 1989）、アイゼンハート＝グレーブナー（Eisenhardt and Graebner, 2007）、および、小池・洞口（2006）における小池和男教授の「プロローグ」、9ページを参照。

す。新たな概念が導入されたときに、新しい理論が生まれるのですが、その新しい理論は、いままでの理論が見落としてきた現象を発見することから生まれます。従来の理論が何を見落としてきたのかを発見するという作業は、ある理論が正しいか、正しくないか、を問題にするという実証研究の結果から生まれます。つまり、実証研究では、従来の理論が研究対象としてきた現象が、より幅の広い付随的な現象を伴っていることを示す作業を伴います。そこから新たな概念が要請されるのです。定性的な調査の面白さは、そうした付随的な現象の存在を文章にして記録し、理論づくりに役立てることのできる新しい概念を発見することにあります。

インタビュー調査

定性的な調査の基礎としてインタビュー調査があります。インタビューを行う人をインタビューワー（interviewer）といい、インタビューを受ける人のことをインタビューイー（interviewee）と言います。インタビューワーとなる「あなた」は、頭を下げて、見ず知らずの人から話を聞く、という作業を行います。インタビュー調査という作業は、ある意味で会社での営業活動よりも厳しいものです。「あなた」が会社に勤めていて営業活動をするときには、会社の提供する商品やサービスを販売して、相手にも便利さや豊かさを感じてもらう、という交換条件があります。つまり、営業活動の場合には、「あなた」の背後に会社組織があって、「あなた」の活動をバックアップしてくれているのです。

研究のためのインタビュー調査の場合にはそうはいきません。インタビューワーである「あなた」が、インタビューイーとなる相手に与えられるものは何もないのが普通です。「あなた」は、相手の時間を奪うだけで、迷惑をかけるだけの存在になっているかもしれないのです。10件のインタビューを申し込んで、3件受けてもらえれば、かなりラッキーだと思ったほうが良いでしょう。そうしたときに、「あなた」とインタビューイーとの間で意思疎通が成り立つのは、両者が共通した問題について関心を持っているからです。

インタビューを申し込むときには、できるだけ絞り込んだポジションの人を探して、電話で依頼します。そのときには、まず相手側にeメールを送ってよいかを尋ね、メールアドレスを教えてもらいます。その後に送付するメールによって訪問趣旨と質問内容を記載して、相手に送ることになります。この訪問趣旨と質問内容の記載が、インタビューを受ける相手にとっても興味深い内容であれば、インタビューを受けてもらえる確率は高くなります。海外の企業を調査対象にする場合には、そのメールは英語になります。

インタビューの時間は1時間から90分程度として申し込むのが常識的な長さでしょう。あまり短くては重要な論点を聞き逃すことになり、あまり長ければ相手の仕事の邪魔になります。インタビューでは仕事の内容を尋ねるのですから、相手が働いている時間に訪問することになりますが、その点は、社会人大学院生である「あなた」にとっては、若干悩ましいことになります。つまり、相手の都合の良い時間には、「あなた」も就業しているからです。可能なのは、夕方6時30分から、とか、7時から、というように、相手も、自分も就業時間の枠外となる時間を設定することですが、その分だけインタビューを受けてもらえる日程には余裕がなくなることになります。つまり、最低でも2週間、できれば1か月以上の余裕を持ってインタビューを申し込まないと、相手にインタビューを受けてもらえる可能性がなくなります。さらに、差し迫った期日でインタビューを申し込むと、「あなた」には社会常識がなく、さらには、「あなた」の所属する大学院では社会常識のない人間の集まりを育成している、という悪い評価が累積していくことになります。

インタビュー対象者は、現在仕事を持っている人とは限りません。すでに退職している方たちに、現役当時の話を伺うという調査手法もあります。これは、オーラル・ヒストリーといって政治学で用いられてきた研究方法です。首相を務めたような著名な政治家に、現役当時の重大な政治的場面について話を聞き、意思決定のきっかけや考え方などを尋ねる手法です。現在は、経営学でもこの研究手法が採用されており、自動車産業の技術者や社長経験者などから話を聞いた結果がまとめられています[4]。現役を退いた方たちにアポがとれれば、インタビュー日程として土曜日や日曜日を設定できる

でしょうから、社会人大学院生としては仕事と両立させたインタビューを行うことができるでしょう。

被調査者の秘匿

　会社の同僚、高校・大学時代の同窓生、自分の父親や親族の経営する会社の知人、会社の取引先業者など、インタビューを行うために、ありとあらゆる「コネ」を使おうとする社会人大学院生を見てきました。

　会社の同僚や会社の取引先業者をインタビューイーにした場合には、インタビューをして論文やリサーチペーパーを作成しても、それを公表できない、という状況が生まれます。「あなた」にデータを提供した会社の同僚や取引先業者としては、自社が競争上不利になる事実を公表されては困るからです。インタビューイーである会社の同僚が負う守秘義務もあるでしょう。取引先業者の社名をA社、B社と匿名にしたとしても、業務内容などから会社を特定することが可能な場合も多いでしょう。公表不可能な論文やリサーチペーパーでも、学位は授与されるかもしれません。しかし、それでは学術雑誌に掲載される論文のように、学会に寄与することにはなりません。

　高校・大学時代の同窓生、自分の父親や親族の経営する会社の知人などをインタビューイーにした場合には、研究によって追求するべき問題意識とインタビュー内容とが、うまく対応しない、という問題が生まれます。インタビューイーが答えられそうな問題を中心に、研究テーマが狭められてしまう、という結果になりがちなのです。本来は、自分の研究テーマにあわせて、その内容についてのインタビューに答えられそうな人がインタビューイーとして選定されているのが理想です。

　インタビュー調査日程までの十分な時間的余裕があり、訪問目的が明快で、質問内容について相手も関心があり、節度と尊敬目線（リスペクト）があれば、インタビューに答えてくれる人は、必ずみつかります。「日本で優れた〇〇を行っている方々にインタビュー調査を行っているのですが」と依

4　たとえば、松島・尾高編（2007）、尾高・松島編著（2013）を参照。

頼することで、相手は断る理由を一つ失うことになるでしょう。「優れた〇〇」として認められたことは会社にとっても、個人としても名誉なことであり、会社の宣伝につながるのであれば、会社に貢献できることになるからです。

　調査対象を秘匿するべきか、会社名や個人名を公表できるのかをインタビューイーに確認するためには、「あなた」の作成した原稿を相手に送り、その了承を得る必要があります。なかには、たとえ匿名であっても掲載してもらっては困る、といわれる場合もあります。それは、「あなた」の作成した論文やリサーチ・ペーパーが、特定の会社の問題点を指摘しているような場合です。その意味で、論文やリサーチ・ペーパーの作成には、時間的な余裕が必要であることは認識するべきでしょう。「提出期日の前、1か月で作成した」といった武勇伝は、そのリサーチ・ペーパーの質の低さを示唆するだけで、優れた研究であることを示唆するものではありません。

アンケート調査

　アンケート調査は、定性的な調査と定量的な調査の双方に利用されます。
　アンケートに自由記入欄を置き、その回答をまとめるとすれば、それは定量的な評価の難しいデータとなり、定性的な意味を読み取ることになります。複数の回答で類似した記入が行われていれば、そこから回答者の問題意識を推定することができます。ただし、自由記入欄の記載はインタビュー調査とは異なって、質問を新たに投げかけることができないので、その分だけ意味の評価が難しくなります。
　アンケートに選択肢があって、そのいずれかを選択する場合には、調査者が設定した仮説の当否を問うていることになります。その場合、「その他」や回答が得られないケースなどが生まれると、アンケート回答者の行動パターンが選択肢のなかには反映されていないことになります。
　リッカート・スケールと呼ばれる評価方法があります。これは、たとえば1段階から5段階までの選択肢があり、「1. まったく買ったことはない。2. たまに買ったことがある。3. ときどき買う。4. 毎週一度は買う。5. 毎日

買う。」といった選択肢のなかから一つを選ばせるものです。この場合には、別の質問とあわせることによって、アンケート調査結果を評価することになります。たとえば、年収について、「1. まったく収入がない。2. 年収100万円未満である。3. 年収100万円以上300万円未満である。4. 年収300万円以上800万円未満である。5. 年収800万円以上である。」といった質問と組み合わせて、年収の高い層に購入されているのか、低い層に購入されているのかを知ることになります。ここでも、統計学の知識があれば、統計的な検定をかけて客観的なデータとして示すことができます。

アンケート調査の例を示しましたが、本書の読者である「あなた」は、すぐに、あることに気づくことでしょう。つまり、アンケート調査が、調査方法として不十分な点を持ち[5]、それがインタビュー調査にも共通するものであることに気がつくことでしょう。

「3. ときどき買う。」と「4. 毎週一度は買う。」は、ほんとうに異なる行動パターンとして認識されうるでしょうか。人によっては、週に一度購入する、ということを「ときどき」と同義だと認識してはいないでしょうか。この尋ね方だと、「4. 毎週一度は買う。」と「5. 毎日買う。」との中間、つまり、毎週2度、3度、4度、5度、6度買うという人たちは、4にチェックを入れることになりそうですが、それでは週に5度、6度買うような人たちを見落とすことになるのではないでしょうか。

年収を尋ねられたときに、アンケート回答者は、正しい回答を記入するでしょうか。たとえば、年収について尋ねる調査が7月に行われたとすれば、アンケート回答者は、いつからいつまでの収入を年収として回答しているのでしょうか。暦年である昨年の1月から12月まででしょうか。会計年度である昨年の4月から今年の3月まででしょうか。あるいは、直近の1年間という意味で、昨年の7月から今年の6月までの1年間でしょうか。

アンケート調査票の設計は、簡単そうに見えて難しいものです。実際に多くの人にアンケート調査を行う前に、数人へのインタビュー調査を行ってアンケート調査票の設問が回答可能な質問となっているか、質問に曖昧な点は

5　佐藤（2006）参照。

ないか、をチェックするプロセスが必要です。

インターネットによるアンケート調査

　インターネットのサイトには、アンケート調査のできるフォーマットを備えたサイトがあります。自分で質問項目を記入して選択肢を書き、それに回答者が記入する形式です。質問紙を配布するよりも大がかりに、自分の研究用にサイトを立ち上げて、そのサイトへの訪問者がアンケートに記入する形式をとることも可能です。こうしたインターネットでのアンケートは、紙媒体で調査票を配布し、それを集め、そのデータを集計するという手間が省け、1万件から10万件といったデータを集めることも可能にしている、という意味で画期的なものと言えるでしょう。

　インターネットによるアンケート調査の場合に、いくつかの問題点があります。第一は、同一人物がアンケートに複数回、回答できる、という問題です。回答に利用しているコンピューターはIPアドレスなどで特定可能であるとはいえ、異なるコンピューターを利用すれば異なる人物であると認識されますから、匿名での回答を集めるときには、重複した回答であるという可能性を排除することが難しくなります。アンケート集計後には氏名を秘匿することを条件に、氏名を記入してもらうことにしても、氏名そのものが偽名であれば、やはり「なりすまし」を排除することはできません。

　1万件程度の回答が集まっていれば、そうした重複回答の比率はあったとしても低いものである、と推定することも可能かもしれませんが、サイトを立ち上げて回答を集めても、その回答者数が意外と少ないという可能性もあります。そうしたときに、調査者の知り合いに回答を依頼する、といったコネクションを利用することになり、匿名調査であったはずが、「自分の知り合いに対するアンケート調査」になってしまう、という可能性もあります。「自分の知り合い」という属性を有する人たちへのアンケート調査が、そもそもの調査目的であるのならば話は別ですが、一般的なテーマについて、不特定多数の人からアンケートを取っている、という調査手法を取りたいのであれば、その目的からは、大きくずれてしまうことになります。

インターネットにサイトを立ち上げるだけでは、アンケート回答者は生まれてきません。「回答者のなかから抽選で3名にiPadを差し上げます」といった形式の懸賞でアンケート回答者を増やす試みも、商業目的のアンケート調査では行われています。欧米の学会誌には、そうした形で懸賞賞品がつけられていたことを明記しているものもありますが、懸賞商品のための研究予算を確保しておかないといけないでしょう。もちろん、アンケート調査票が良く練られたものでないと、出費だけ多く、得るところの少ない調査結果となるリスクもあるでしょう。

参与観察

アンケート調査でも、インタビュー調査でも、その回答そのものが嘘である可能性を排除できません。意図的に嘘を回答するということではなくとも、回答者本人が誤解していたり、データを過大評価ないし過小評価していたりする、ということはありえます。定性的な評価を行う場合、こうした調査結果は決定的な欠点となりえます。

嘘のないデータを手に入れるには、どうすればよいでしょうか。ひとつの方法は、参与観察です。参与観察とは、テレビ番組の制作では密着取材と呼ばれているものと同じです。一定の期間、調査対象の行動に密着して、その動向を観察します。参与観察の対象には、さまざまなものがありますが、自動車製造工場の組み立てラインで働いた結果を報告したものや、築地の魚市場に通い詰めた研究、お茶の栽培農家での作業をした研究、ヤクザの親分や暴走族の動向に密着した研究などもあります[6]。私自身も、マレーシアの扇風機製造工場での参与観察の経験があります[7]。

参与観察という研究方法は、マリノフスキーやレヴィ・ストロースといった文化人類学者の研究からはじまった[8]もので、未開の部族がどのような経済行動をしているかを観察したものが最初です。経営活動に関する参与観察

---

6 小池・洞口編著（2006）参照。
7 洞口（2001）、洞口（2002）第7章参照。
8 マリノフスキー、レヴィ・ストロース（1980）参照。

でも、文化人類学的な参与観察でも、非常な熱意をともなった社交性が必要とされます。仕事を持っている社会人大学院生の場合、参与観察を行おうとしても、その時間を確保することが難しいかもしれません。しかし、条件によっては、また、工夫によっては可能となる場合もあります。

　年次有給休暇を利用できる社会人大学院生であれば、託児施設にボランティア参加することで参与観察が可能かもしれません。少年野球のコーチとして土曜日・日曜日に参加している社会人大学院生であれば、そのチームで採用されている組織構造と意思決定のパターンを調査できるかもしれません。転職をしようとする社会人大学院生であれば、いままで消化してこなかった年次有給休暇20日間を使って、次の会社に転職する前に約3週間の現地調査を行って参与観察を行うことができるかもしれません。

　自分の会社に勤めた経験を書けば、参与観察になる、ということには、「あなた」もすぐに気づくことと思います。しかし、これは会社での「あなた」の立場を微妙なものとするばかりではなく、社内の守秘義務に触れるという企業人としての倫理にかかわる問題となる可能性をはらみます。調査が深みに入れば入るほど、調査の対象となった被調査者からのクレームがくるリスクが高まることになります。残念ながら、自分の会社に勤めた経験を書くという調査方法はお奨めできません。

アクション・リサーチ

　対象を深く観察することが参与観察の目的です。それに対して、対象を変化させてしまうことをいとわないのがアクション・リサーチです。アクション・リサーチは、参与観察よりも、被調査者の弱点を強調することになりますから、その調査結果を公表できるかどうかは、事前にはわかりません。つまり、被調査者の許可を得ることが難しい研究方法でもあります。たとえば、企業のなかに入って生産性を改善するとすれば、この作業はコンサルタントの仕事に近いものになります。アクション・リサーチの場合には、コンサルティング料金をとることなく現場の改善を行うことになります。

　アクション・リサーチには限界もあります。研究として職場に入った場

合、仕事の総量に比較して従業員の数が多いと感じたとしても、勧奨退職を行うことなどは難しいことでしょう。それには意思決定者の責任が伴うからです。時には、解雇された側からの訴訟が惹起される場合もありえます。

アクション・リサーチが良く行われる舞台としては、教育・研修があります。こちらは、研修の前と後、あるいはその最中にアンケートをとることで、研修の効果を測定することができ、研修の講師役となる人がリサーチャー（調査者）であれば、自らの教育・研修というアクションによって、受講者にどのような影響を与えたかを知ることができます[9]。

企業の行うCSR（コーポレート・ソシアル・レスポンシビリティ）活動、非営利団体による慈善活動、コミュニティ活動の立ち上げ、産学官連携におけるコーディネーターとしての活動、起業家が自らの起業プロセスや廃業に至るプロセスをデータとともに回顧すること、など、アクション・リサーチの方法論が適用されてのち、公表されうる研究領域は、意外と多いと言うこともできます。重要なポイントは、そのアクションによって給与やコンサルティング料金などを受け取ったならば、業務としての守秘義務が発生する、ということです。報酬を受けたならば、その組織内部の情報を外部に漏らす、ということは職業倫理に反することになってしまいます。

一次資料と二次資料

アクション・リサーチは、対象を変革させながら深く研究する、という研究方法でした。優れた研究でありながら、その研究成果を公表できるかどうかは、研究対象の許可を得られるか否かによります。研究のはじまる前から公開されているデータを用いれば、研究対象からの公開許可を得る、というプロセスは省略することができます。この場合、すべての研究者にデータは公開されているわけですから、そうした研究は多く、競争は厳しいものとなります。

インタビュー調査、アンケート調査、参与観察、アクション・リサーチを

9　洞口・行本・児玉（2015）参照。

「あなた」自身が行ってデータを手にしたときに、それを一次資料と呼びます。調査対象に対して直接的にアプローチしたという意味です。それに対して二次資料と呼ばれるデータがあります。それらは、「あなた」と調査対象との間に誰かが介在していて、その人たちがまとめたデータを「あなた」が再利用していることになります。その意味で二次的なのです。二次資料は、「あなた」が直接調査した結果ではありませんから、調査結果の利用にあたっては調査者による調査方法を理解し、その調査手法の限界を知る必要があります。アンケート調査で述べたような調査手法における限界が、二次資料にも存在しているかもしれません。しかし、二次資料は大量のデータを継続的に提供している場合には、研究上有用であり、重視すべきものとなります[10]。

　上場企業の財務データは、もっともよく整備されています。日経NEEDSフィナンシャル・クエストやEOL、EDINETといったデータベースからは上場企業の財務指標をダウンロードできます。数多くの研究者が、手に入れた大量のデータを統計的な解析にかける、という作業を行っています。論文によっては、万単位のデータを扱って、その特徴を分析しています。

　企業の出願した特許データも、よく利用される公開データです。特許データは、特許事務所で整理して販売されることが多く、それらを研究用に購入することになります。どのような分類のデータが必要なのかを定義して、複数の特許事務所にデータ作成の見積りを作成してもらい、購入することになります。データの量に応じて値段は異なりますが、小さなデータ・セットでも数万円はすると言ってよいでしょう[11]。

　官公庁データとは、経済企画庁、財務省、経済産業省、日本銀行などで作成されているデータです。これらのデータを使って研究上の疑問がすぐに解決することは稀かもしれませんが、手に入れられるデータで何が言えるかを確認しておき、その後に定性的な調査を行って一次資料を手に入れる、というのが研究の常道です。つまり、インタビュー調査を行う前に官公庁データ

10　洞口（1992）第6章参照。
11　洞口（Horaguchi, 2013）では航空機製造業における特許データを分析しています。

を確認しておく、という作業が必要です。二次資料は、一次資料を手に入れる前段階で集め、分析しておくべきものです。両者は補完的な関係にあるのです。

たとえば、「女性管理職の登用」を研究テーマに選んだとしましょう。その場合には、厚生労働省や日本労働研究機構といった労働関係の官公庁や研究機関が行ってきた調査や統計資料によって、その動向を調べることができます。しかし、そうした調査資料は、「あなた」自身が集めたものではありませんから「あなた」が調査したい内容について十分な答えを準備していないかもしれません。「あなた」は二次資料を整理して、現段階での社会科学的な認識を得たことになります。その後、一次資料、つまり、「あなた」自身が集めたデータを手に入れます。そのためには、たとえば、「女性管理職」となっている人々にインタビューをしたり、アンケートをとったりする、という作業が必要になります。

休暇の使い方

働きながら大学院で学び、定性的な調査を行うには、さまざまな工夫が必要です。労働基準法にしたがえば、「あなた」には年間20日間の年次有給休暇が与えられているはずです。仕事に責任を感ずる「あなた」は、その休暇を消化することが難しいと感じているかもしれません。しかし、論文やリサーチペーパーを作成するためには、どうしても休暇を利用せざるを得ない場合があるはずです。

海外出張の前後に休暇を加える。連休の合間に休暇をとる。順番でとることになっている夏休みを職場の同僚よりも後ろにずらして、数日長くとる。そうした工夫を行う必要がある場面に出会うかもしれません。

職場の上司や同僚に理解を得ることが重要なのですが、「社会人大学院に進学した」ことを職場で伝えた途端に東京の丸の内本社から宇都宮の支社に転勤になった、などという話も良く聞きます。日本社会と日本の会社は、必ずしも社会人大学院を温かく迎えると限ったものでもありません。可能なのは、「あなた」が社会人大学院生を終えてMBAを取得したときに、「あな

た」の部下となった人たちに、社会人大学院生となることを勧め、休暇を取得しやすくし、彼ら・彼女らの研究成果をビジネスの現場で発揮しやすくしてあげるような、そうした上司になることです。

定量的研究

　定量的研究を進めるには、統計学の力を借りる必要があります。平均、分散、標準偏差、相関係数といった指標の計算を行う場合を記述統計といい、少数のサンプルから全体を推測する手法のことを推測統計といいます。推測統計については、帰無仮説や統計的検定という考え方から理解を進める必要があります[12]。もしも、1万羽のカラスのなかに1羽、白いカラスが混じっていたとすると、そのときに、カラスは黒い、という命題は否定されるでしょうか。「1羽でも白いカラスがいたのだから、カラスは黒い、とは言えない」、という人もいるかもしれませんし、「いや、ほとんど黒いカラスなのだから、やはり、カラスは黒いと言うべきだ」という人もいるかもしれません。

　こうした、小学生のくちげんかのようなやり取りを避ける方法が統計的検定です。統計的検定では、5パーセント水準ないし1パーセント水準といった一定の水準であるのかどうかが問われます。したがって、1万羽のカラスのなかで1羽だけ白い色のカラスが観察されたのであれば、1パーセントの水準でカラスは白い、という命題が成り立たないことになります。

　統計学で対象とするデータの性質に応じて、データの散らばり方は「分布」と呼ばれる形を持ちます。一様分布、二項分布、正規分布、カイ二乗分布など、様々な分布が提案されて、統計的検定に用いられています。統計学に登場する分布をきちんと理解するためには、積率母関数に用いられる積分

12　ホーエル（1981）は入門者に向けた統計学的考え方の解説です。押川・阪口（1989）には2項分布から正規近似に関する数学的導出やt分布の数学的導出などがあります。類書ではシミュレーション結果を図表で示すような簡単な解説で済まされている内容を数学的に解説しており数学的に納得がいきます。岩田（1983）には積率母関数、ポワソン分布の数学的導出、行列と行列式の解説などがあり数学的な基礎固めに役立ちます。グリーン（Green, 2012）には計量経済分析の様々な手法が解説されています。

を理解し、置換積分によって分布関数を求めるといった作業が必要になりますから、積分を理解するためには、その基礎となる導関数と微分について理解しなければなりません。導関数と微分、積分などは高校数学で教えられている内容ですから、それを学びなおさねばなりません[13]。NHKの高校数学といったラジオ番組などを聞いて学びなおすことが、遠回りのようで近道でもあります。定性的な調査を行って修士論文を作成し、MBAを取得したのちに博士課程に進学しようという方は、数学を学びなおし、統計学の基礎を学ぶ必要があります。

〈社会人大学院生のよく犯す間違い〉
① 本や論文を読んでまとめると、修士論文やリサーチ・ペーパーができあがると思っている。
② 調査のために、見ず知らずの人から話を聞き、情報を得ようとする努力をしない。
③ 自分の勤務する会社のことを文章にすれば研究になると思っている。
④ 統計学を勉強しようと思っていない。

〈研究効率を高める学び方〉
① 定性的な研究に調査は不可欠です。一次資料を手に入れましょう。
② 自分や友人のコネで行う調査は、情報を歪ませている可能性があります。
③ できるだけ数多くのデータを集める努力をするべきです。ある一定水準のデータ量に達するためには修士課程の早い時期から作業を開始する必要があります。
④ 統計学は定量的な分析の強い味方です。統計学を初めて学ぶときには、まず、相関係数と「平均値の差の検定」を理解することを目標にしましょう。

---

13 アレン（1965）と久武（1970）は定評のある入門書であり古典に属します。ともにアマゾンの古本で入手することが可能でした（2017年4月確認）。チャン＝ウエインライト（2010）は経済学の入門的な事例を示しており定評があります。サイモン＝ブルーム（Simon and Blume, 1994）は、筆者がハーバード大学経済学部の客員研究員であった当時、大学院の数理経済学の授業で教科書となっていました。その当時、毎朝、奇数番号の練習問題を解くことを日課にしていたことを思い出します。

第6章　ロジカル・シンキング

〈キーワード〉
アカデミック・ライティング（academic writing）、意見と事実、分類と類推、演繹（deduction）、帰納（induction）、数学的帰納法、後ろ向き帰納法、背理法、パラドックス（逆説）、三段論法、必要条件と十分条件

アカデミック・ライティング

　イギリスやアメリカの英語学校で学ぶとアカデミック・ライティング（academic writing）という科目があることに気づきます。アカデミック・ライティングとは、大学や大学院に進学を志す外国人留学生が、大学での単位取得に必要となる英語作文能力を身につけるための科目です。英語作文能力とは、英語での思考を言葉に置き換えることです。英語を母国語としない外国人留学生がアカデミック・ライティングという科目で英作文をする、という作業には、論理的な思考能力が必要となります。
　日本で学習をしてきた日本人は、こうしたアカデミック・ライティングの訓練を受けていないことのほうが多いでしょう。日本人が中学校の国語で学ぶ文章作法は、物語をつくるための「起承転結」という考え方です。これは、ストーリー展開の縮約版なので、アカデミック（学問的）でもなければ、論理的なものでもありません。しかし、「起承転結」は日本人の思考方法を代表する文化の位置を占めています。社会人大学院では、その日本人的な文章作法の文化を捨てる必要があります。論文作成に必要なのは論理的な展開であってストーリー展開ではありません。
　論理的な思考能力を錬成するためにMBAで教えられる科目としてロジカル・シンキングという科目があります。これは英語で自己表現をすることが

十分にできる人たちに対して、英語の運用能力を土台とした論理的な思考能力を養うものです。学部外国人留学生向けのアカデミック・ライティングよりも一段階進んだ論理的な思考能力に焦点をおいた授業内容となるのがロジカル・シンキングです。

ロジカル・シンキングの起源を正確にどのような文明に求めることができるのかはわかりません。しかし、孔子や孟子、プラトンやアリストテレスなど、中国古代の儒学者やギリシャ時代の哲学者たちが対話形式で論理的な思考を鍛えていたことは有名です。以下では、そうした歴史的な話は省略して、ビジネスに役立つロジカル・シンキングの考え方について、その一部を紹介していきましょう。ロジカル・シンキングの考え方を理解することが重要なのは、次章で説明する仮説設定のための準備作業となるからです。

事実と意見

木下（1981）はその名著『理科系の作文技術』の第7章において、事実と意見を分けることの重要性を述べています。たとえば、「今日、午後2時の気温は摂氏34度であった」というのは事実の記述であり、「今日は、暑かった」というのは意見です。我々の実生活においては、意見と事実を意識して区別することは少ないでしょう。なぜなら、事実を述べることで意見の代替をすることが可能だからです。「今日、午後2時の気温は摂氏34度であった」という事実を伝える人の真意を忖度すれば、そこには、「今日は暑かった」という気持ちが含まれているはずということになります。

大学院生が書く学術論文は、事実の叙述を基本としているので、そこに意見が混ざりこまないように注意する必要があるのです。論文やリサーチペーパーを構成するのは、基本的に事実の記述です。論文という研究発表の形式は、個人の感情や、その人が持つある思いを直接伝えるには不向きなのです。自分の思いを文章で伝えたいのであれば、小説、短歌、俳句、詩といった表現形式を採用することになります。

意見が強い形で述べられるとき、それを主張といいます。たとえば、「平和を維持することは大切だ」といった意見を主張することが可能でしょう。

根拠を明示して説得的に意見を述べるときに「主張をする」といいます。往々にして、主張には反論が可能です。たとえば、「平和を維持することは大切だ」という主張への反論として、「人類は平和を維持できたことがない」という主張をすることも可能かもしれません。

　もう少し微妙な事実を含んだ場合には、「平和を維持するためには、軍備を背景にした軍事力の行使が大切だ」という主張をすることも可能ですし、それに対して、「軍備を背景とした軍事力の行使とは、戦争にほかならないのだから、平和を維持するためには、平和ではない戦争という行為が必要だ」という立論になります。「平和を維持することは大切だ」という主張は、「平和を維持するためには、平和ではない戦争という行為が必要だ」という危うい抑止力の議論へとつながっていきます。つまり、二つ以上の異なる主張が併存することも、ありうることなのです。

　政治的主張の根拠を並べた文章を論文と呼ぶこともありますが、ある主張をしている限り、それに対する反論もまた可能であることは理解しておいたほうが良いでしょう。主張をぶつけ合うだけでは、科学的な論文にはなりません。科学的な思考法では、第5章で述べた反証可能性（falsifiability）が大切なのです。ある主張で述べられている内容を仮説として論理的に整理し、実証的なデータによってその仮説の妥当性を検証するべきなのです。たとえば、自分の隣人が戦争によって命を亡くしたことの悲しさや辛さを文章に表すのであれば小説という発表の形式が向いているでしょう。念のために述べておきますが、主張をしてはいけない、ということではありません。大学院で学ぶ科学的な論文の作成によって可能なのは、特定の主張に至る前の事実認識にかかわるものだ、ということを理解することが大切です。論文が明らかにした一つの事実から、まったく異なる2つの主張をすることも可能でしょう。主張とは、強く表現された意見にほかなりません。

分類と類推

　研究目的に対応した研究対象を選択するとき、その研究対象を分類するという作業が必要になります。さまざまな現象や対象を分類することは、理論

の構築でもなく、仮説でもありません。しかし、分類することは対象の限定につながります。分類によって対象を限定しておくならば、研究対象のもつ限界を明示することができます。

　たとえば、私の専門である国際経営の領域には、さまざまな海外事業活動のパターンがあります。海外での市場を開拓するときに、輸出をするか、直接投資をするか、委託生産をするか、という分類をしておくことで、研究対象を限定できます。これらを一言でグローバリゼーションと呼んでいたのでは、企業の国際経営戦略の違いは見えてきません。

　別の例としては産業分類があります。農業、製造業、金融業、保険業、サービス業といった産業の違いに応じて貸借対照表や損益計算書といった財務諸表の記載項目も異なります。したがって財務データを入手して比較分析を試みたとしても定義が異なる部分が多くなります。さらに、製造業という大分類のなかには、中分類として自動車産業、電機産業、機械産業といった分類があります。自動車産業という中分類のなかには自動車組み立て、自動車部品、自動車用電装品といった産業の小分類があります。さらに、自動車組み立てのなかにはセダン、ワゴン、スポーツカーなど乗用車とトラック、バスなどの商用車という車種分類があり、マーケティングの手法を考えるうえでは重要な違いを示す分類になります。つまり、分析の目的に応じて分類が行なわれることになります。

　分類（classification）を行うことで類推（analogy）が可能になります。類推とは、分類を基準とした推定のことです。たとえば、乗用車生産をしているA社で観察された現象が同じく乗用車生産を行うB社でも観察できるのではないか、という推定です。あるいは、自動車産業で成立した現象が電機産業においても成立しているのではないか、という推定が生まれるのです。

　こうした類推という知的活動は実生活では有効なものです。たとえば、アメリカで利用したホテルで朝食を食べた経験があると、フィリピンのホテルでも同様の朝食が出てくるのではないか、と類推することになります。たとえば、日本で、ある日本料理店に行ったときに、お店の入り口が良い雰囲気で建築されており、かつ、料理がおいしかったとすると、別の日本料理店に

行って同じような入り口のつくりになっているのを見たときに、やはり料理もおいしいのだろうと類推することになります。こうしたホテルや日本料理店といった実生活の例は、推定したとおりに進展する場合もありますが、そうはならない場合もあるでしょう。類推は、日々の生活のなかに潜んでおり、それが言葉にされることすらないまま、ちょっとしたコツとして認識されているのかもしれません。

　類推は仮説と異なります。仮説の背景には理論があります。理論は、目には見えない概念とその概念を結び付ける論理的な思考によって成立しています。それに対して、類推のためには経験があればよいのです。よく当たる類推のことを経験則と呼ぶことがあります。ある経験、つまり、ある分類において観察された事象が異なる分類においても成立するであろうと推定することが経験則です。経験則も類推も、ともに理論なしで推定をします。逆に言えば、経験則や類推をもとに、説明原理となる理論的な概念を独自に設定して、その相互連関を考えれば理論が構築できることになります。つまり仮説を構築していけば理論をつくりあげることができることになるのですが、この点については本書第7章と第12章で改めて触れます。

演繹

　演繹（deduction）という用語をごくごく簡単に説明すれば、数学の式変形と思ってよいでしょう[1]。式変形というのは、数学の問題を解くという作業での一つのステップを指します。たとえば、「6＋5＝」という式を見て、それが「11」である、という答えを導くことができれば、そのときには演繹という作業をしていることになります。小学生に足し算を教えるときには、「6＋5＝6＋4＋1＝10＋1＝」のような数字の分割を教えて、「10のケタに繰り上がる」という概念を教え、そうした計算の結果として「11」という答えを導きます。これは数という概念と足し算という思考の結果として「6＋5」と「11」とが等しいことを示していることになります。

1　パース（2001）を参照。

上記の例は、あまりに簡単で常識的な話のように見えるかもしれません。では、次のような例を考えてみましょう。二進法において「110 + 101 = 」という計算をするといくつになるでしょうか。二進法ではゼロと1のみで数が表されるのですから、1 + 1 = 10というルールでケタが繰り上がっていくことになります。つまり十進法の2は、二進法で10という表記になります。そのような演算ルールが理解されたとすると「110 + 101 = 1011」が答えとなります。この二進法で表記された「110 + 101 = 1011」を十進法で表せば「6 + 5 = 11」と同じです。十進法の6は二進法では110、十進法の5は101です。いま二進法での計算を行いましたが、これは、まったく論理的な思考方法と呼べるものであり、演繹的な推論と一致します[2]。

　演繹という考え方の本質は、次のように表現できます。まず、記号が定義されていることが必要です。次に、その記号を用いた論理的な加工、すなわち演算ができることが必要です。これは数学的な演算が最も明快ですが、数学的な計算に限定されるものではありません。論理学で用いられる論理記号や、コンピューター・プログラミングのように明確に記号が定義されており、その演算ルールが定められているものであれば演算が可能です。このような意味で、数学的な考え方のなかの基礎的な部分は演繹的です。

　言葉で演繹的な理論を構築することも可能です。その場合には、それぞれの用語を明確に定義し、異なる意味に理解されないように注意する必要があります。以下のような例を考えてみましょう。

　トヨタ自動車をはじめとする自動車産業では、部品在庫の管理に注意が払

---

[2] 十進法と二進法について簡単に説明しておきましょう。たとえば、385という十進法の表記は、0から9までの数字のうち、3が100の桁（けた）、8が10の桁、5が1の桁に置かれて表記されているものです。100は10の2乗、10は10の1乗、1は10のゼロ乗でしたから、100の桁、10の桁、1の桁というのは、それぞれ10の2乗の桁、10の1乗の桁、10のゼロ乗の桁に対応します。二進法の表記では、同じように右端にある2のゼロ乗の桁からはじまって、2の1乗の桁、2の2乗の桁を、それぞれ足していきます。たとえば、101という二進法の表記があったら、2の2乗の桁が1なので$2^2 \times 1 = 4$、2の1乗の桁はゼロ、2のゼロ乗の桁は1なので、$4 + 1 = 5$となります。ある数のゼロ乗が1となること、つまり、$10^0 = 3^0 = 2^0 = 1$となるのは、つぎのような演算から求められます。たとえば、分数の3分の1の場合、$\frac{1}{3} = 3^{-1}$と表記することを念頭に置くと、$\frac{3 \times 3}{3 \times 3} = 3 = \frac{3^3}{3^2} = 3^1 = 3^{3-2}$では、3の右肩にかかった数、つまり、べき乗と呼ばれる数が引き算で求められていることがわかります。$\frac{3 \times 3 \times 3}{3 \times 3 \times 3} = \frac{3^3}{3^3} = 3^{3-3} = 3^0 = 1$で3のゼロ乗もまた1であることがわかります。

われています。ジャスト・イン・タイム生産方式という製造業の生産方式においては、製造部門間に在庫がたまることを避けようとします。プレス部門において金属の鉄板がドアの形に成形されるのですが、それは、溶接部門にまわされて車の形に溶接されてつなぎあわされます。プレス部門と溶接部門との間に、作業の行われない部品（仕掛品）が溜っている状態をなくすことがジャスト・イン・タイム生産の目指すものなのですが、では、どのようにすれば、仕掛品をゼロにできるでしょうか。

　この問いの答えは、溶接部門での作業スピードにあわせてプレス部門で作業を行うことです。一定の時間内にプレス部門で加工される部品の数、プレス部門と溶接部門との間で移動している仕掛品の数、同じ時間内に溶接部門に存在する部品の数を記号で表してA、B、Cとすれば、その一定時間内に、この工場内に存在する部品の数はA＋B＋Cです。鉄板はプレス部門で穴をあけられたり、ドアやルーフの膨らみを持たせたりします。そののちに、溶接部門で自動車の形に組み上げられていきます。つまりCで表された溶接部門の作業スピードが早ければ、Bで示された在庫の数は少なくなります。Bがゼロとなれば、溶接部門は次の部品が送られてくるまでヒマになります。溶接部門Cでの作業がAで示されたプレス部門の作業スピードよりも遅ければ、溶接部門の前に部品在庫が積み上げられていくことになります。溶接部門での作業スピードにあわせて、プレス部門ではプレスする部品の数を調整することで在庫の数は最小になります。ある一時点を見たときに、A＝B＝Cとなっていれば仕掛品は最小になっています。

　このように思考を積み上げていくのは、演繹的な考え方です。実際には、プレスのスピードは溶接のスピードを上回るので、プレス部門は最低限の必要枚数をプレスしたら、別の車種のプレスを行うことになります。

数学的帰納法と後ろ向き帰納法

　帰納（induction）ないし帰納法というときには、すべてのありうる事象を数え上げて、そのなかの法則性や規則性を見つけ出す、という考え方を指しています（パース（1980）第4章参照）。たとえば、新訳聖書のなかに登

場する名詞として、どの単語がもっとも多く登場するのか、といった作業を行うことは可能でしょう。こうした作業のことをテキスト・マイニングといいます。文書の量が限られているときには、その限られた文書のなかの傾向を探すことは可能でしょう。そして、何が重要か、という主観性を避けることのできない問いの代わりに、どの単語が頻出するか、という客観的な問いへの回答を得ることができるのです。

　数学的帰納法は、帰納法のなかでも数学の力を借りて確定的な答えを導き出すことのできる思考法です。n＝1のときに、ある特徴をもつことが確認できて、任意のnについてn＝n＋1であることが計算によって導き出せれば、nは1から無限大まで「ある特徴」を持ち続けることが証明できます。

　中山（1997）で説明されている、わかりやすい例を挙げましょう。いま一列にヒトが並んでいて、先頭に立つのが花子さんという名前であり、n番目に立つヒトも花子さんであり、n＋1番目に立つヒトも花子さんであるとすれば、この列に並ぶヒトは、一番前から最後まで全員が花子さんという名前を持つことになります。この例ではnが2である場合にも、3であるときにも成り立ち、任意のnであるときにも、n＝n＋1であることが仮定されています。上記の例ではその点を計算によって導き出してはいませんが、数学的帰納法ではn＝n＋1となる部分を計算によって導き出すところがポイントです。

　上記のような一列に並ぶヒトの例のようにヒトの数が無限ではなく、最後のヒトが存在してヒトの数が有限であるときには、後ろ向き帰納法という考え方で最適な解を導くことができます。後ろ向き帰納法の考え方は、数学のなかの応用的分野であるゲーム理論やダイナミック・プログラミングという計算手法で用いられます。

　ゲーム理論の入門書である中山（1997、p.14）には後ろ向き帰納法の考え方を用いた面白い例が挙がっています。「集団安全保障のパラドックス」とでも呼ぶことができる例なので、紹介しましょう。いまA国という弱小国があり、B国という隣国から侵略の危機にさらされているとします。この2か国以外に隣国がなければB国はA国を侵略するでしょう。しかし、B国もまた最強国ではなく、C国という隣国から報復措置を受ける可能性を持つ

ものとしましょう。つまり、B国がA国を侵略したときに、B国はC国から報復措置を受けるものとします。A国とC国とは集団安全保障条約を結んでいるからです。このときB国はA国を侵略しません。A国を侵略したB国は、C国に侵略されるからです。

3か国の状態から、さらに1か国増えて4か国になったとしましょう。つまり、D国がC国に対して報復措置ができるとしましょう。4か国登場する例の場合、B国はA国を侵略できるのです。A国を侵略したB国に対してC国が報復措置を取ったとすると、C国に対するD国の報復措置によって、C国は損失を被るからです。したがって、B国がA国を侵略したのをC国が目の当りにしても、C国はD国からの報復を恐れて何もできないことになります。敵対する国々の数が2か国と4か国の場合には、A国はB国に侵略されてしまいます。つまり、A国がB国に侵略されてもB国に対して報復する国はないことになります。

さらにE国が登場する5か国の場合はどうでしょうか。この場合、B国はA国を侵略できません。もしもB国がA国を侵略したとすれば、B国に対してC国が報復措置を取り、そのC国に対してはD国が報復措置を取り、さらに、D国に対してE国が報復措置を取ることができるのです。B国とD国は、それぞれC国とE国から報復措置を受けることになります。言い換えれば、C国はE国の後ろ盾を得て、B国への報復措置を取ることができます。よって、B国はA国を侵略しないことになります。

以上の結論を簡潔にまとめると次のような結論になります。弱小国A国をめぐる安全保障の連鎖を形づくる国々の数が偶数であるときB国はA国を侵略できるのです。奇数であればA国はB国から侵略を受けません。これらの国々の数が2か国、4か国のときにB国はA国を侵略できたのは前述しましたが、さらに6か国の事例を例に検討すれば、その点はさらに明確になるでしょう。

以上の思考実験の結果は、集団安全保障における抑止力の問題を、単に軍事力の足し算として理解している通説を覆すものかもしれません。偶数と奇数の違いを次のように理解することもできます。つまり、国防上の抑止力を築くためには、侵略を企てる国とその協調国に対して連合国の数が同数では

意味がなく、明確に抑止力となる国の数が上回らなければならないことを意味しています。5か国の例でいえば、A国・C国・E国の3か国が、B国・D国の2か国による侵略の企てを抑えていることになります。

　後ろ向き帰納法とは、最後の状態から逆算して最初の状態を求める考え方です。上記の5か国による集団安全保障の例の場合には、A国とB国との関係から始まる後ろ向き帰納法の最後の状態としてD国とE国との関係を設定することができます。ここで「最後の状態」とは歴史的な時間の意味での「最後」ではなく、論理的な思考の順番からみて最重要の課題というほどの意味です。D国とE国とからなる、この最後の状態はA国とB国との関係を決定づけます。2つのグループに分かれた集団安全保障に参加する国の数が1か国ずつ増えていくのにしたがって変化していきます。「弱小国A国をめぐる安全保障の連鎖を形づくる国々の数が奇数であればA国はB国から侵略を受けない。これらの国々の数が偶数であるとき、B国はA国を侵略できる」という命題は、数がいくつに増えても成り立つことが重要です。

　思考の対象が無限大であるときには数学的帰納法、有限であるときには後ろ向き帰納法が用いられることが多いのですが、後ろ向き帰納法によって得られた結論は、最終時点であるnの数を概念上、限りなく多くしていくと考えることで無限大の場合に応用することが可能なことがあります。

　数学的帰納法と後ろ向き帰納法は、数学やゲーム理論といった理論的な考え方につけられた名称です。それに対して、帰納法とはなんらかの傾向を得るための作業方法のひとつであり、様々な例外が含まれうるものです。つまり、帰納的な作業から得られた結論は、安定していません。たとえば、新約聖書と呼ばれる文書の量は一定していますので、そのなかに現れる英単語の数は一定かもしれませんが、英字新聞に現れる単語の数は日々増えていきます。日々増加していくデータの場合には帰納法によって確定的な結論は得られません。帰納的な作業を行う対象が限定されたものではなく、新たに多くのデータが生み出され続けるときには、確定的な答えを与えるものではありません。

　こうした意味で帰納法には限界があるのですが、しかし、現存するデータのなかでの傾向は導くことができます。統計学の力を借りて、統計的な検定

という作業を行うのは、この帰納的な作業に客観性を与えるためであると理解することもできるでしょう。ビッグデータと呼ばれる大量のデータがインターネットの発達によって利用可能になったことは、帰納的な作業の可能性を広げています。新訳聖書のみならず、我々の移動経路や通話記録といったデータも解析の対象となっています。

背理法とアリバイ

　論理的に考える、とは、どのような作業を行うことを指すのか、ということの説明のために、意見と事実の峻別、分類と類推、演繹と帰納、数学的帰納法と後ろ向き帰納法について説明してきました。このほかにも背理法、パラドックス、三段論法、必要条件と十分条件といった基礎的な考え方があります。以下、順を追って説明していきましょう。

　高校数学で背理法を学ぶのは有理数と無理数を理解するとき、つまりルート2という無理数の存在を学ぶときでしょう。

　この話に入るまえに、自然数、整数、有理数、無理数という数の分類を思い出してください。数の概念と演算とは、常に対応していることに注意しましょう。自然数とは1、2、3のように1からはじまり数えられる数を指します。たとえば、自分の目の前にある石や果物の数を数えるときには1を足していくという足し算をしていることになります。それは自然数の世界です。

　整数は自然数にマイナス1を掛けた数とゼロから成り立ちます。自然数として数えた果物を食べるとすれば、そこから引き算をはじめることになります。するとゼロという数が必要となります。誰かが余った食料を分けてあげて、誰かひとりがたくさんの食料を食べたとすればマイナスの数が必要になり、整数が必要となります。

　目の前にある果物の数を割り算で演算すれば、有理数、つまり分数で表現できる数が必要となります。たとえばスイカを3人で分けて食べるとすれば、3分の1ずつに分ければ公平ですが、その数字は0.333…と永遠に続いていきます。分数とは整数と整数の比率から得られる数のことであり、その数を有理数と呼びます。有理数は、割り切れない数を含むので小数点以下の桁

が無限に続く場合があり、分子と分母で表されている整数と整数とが有限であれば、その分数は循環小数となります。

　無理数とは、分数では表すことのできない永遠に続く数の並びによって定義される数のことです。数直線上には存在しているのですが、その場所を特定するためには永遠の数字の並びが必要とされる数です。円周率πや指数関数eは、その代表であり、$\sqrt{2}$（ルート2）や$\sqrt{3}$（ルート3）も無理数です。

　さてルート2について話を戻しましょう。ルート2という無理数の存在について話をするのは、背理法というロジカル・シンキングの道具を理解するためです。面積が4平方メートルとなる正方形の一辺は2メートルです。では、面積が2平方メートルの正方形の1辺の長さは何メートルか、という問題は、足し算、引き算、割り算では計算できません。もしも、1辺の長さが1メートルであるとすれば、1メートル×1メートル＝1平方メートルであり、1辺の長さが2メートルであるとすれば、4平方メートルとなります。したがって、1辺の長さは1メートルと2メートルとの間の長さになるはずです。それを計算するには2平方メートルに近くなる1辺の長さを繰り返し演算で求める必要があります。かりに、その長さを$\sqrt{2}$（ルート2）と表現するとすれば、これは分数として表現できる長さ、つまり、割り切れる長さではないことになるのですが、その点を数学的に証明するためには背理法を用います。

　背理法とアリバイとが類似した考え方であることは良く知られています。ある殺人事件が起きた時の犯罪者は、その犯罪が行われた時刻にそこにいたはずです。アリバイとは、容疑者が、犯行時刻にはその犯罪の行われた場所にいなかったことを証明することです。つまり、不存在の証明がアリバイです。犯罪が行われた同時刻に、別の場所にいたことが証明されれば、別の場所にいた人は犯人ではありえません。その場合、犯罪の行われた時刻とその場所に、容疑者となった人が存在していなかったというアリバイが成立することになります。

　背理法は、答えを与えません。$\sqrt{2}$という数が分数（有理数）としては表現できないことは背理法によって証明できるのですが、では、それが具体的にどのような数に近づいていくのかは、近似値を求める演算を繰り返すしか

ありません。$\sqrt{2}$ の場合であれば、掛け合わせて 2 に近くなる数を求めていかなければなりません。たとえば、$1.5 \times 1.5 = 2.25$ となり、$1.4 \times 1.4 = 1.96$ となるのですから、1.5 と 1.4 との間に二乗して 2 になる数は存在するはずです。そのとき $\sqrt{2}$ は小数点以下の数のつながりとしては永遠に続いていきます。そのように無限に続いていく数字は無理数と呼ばれます。

背理法は、ある仮定を否定する方法です。上記の場合であれば、$\sqrt{2}$ を分数で表現できる、という仮定を厳密に否定するときに有効です（矢野・高橋 (1990, p.3)）。そのためには、

$$x^2 = 2$$

という関係が与えられたときの x の値が、どのような性質を持っているかを探らなければなりません。もしも x の値が有理数であったとすれば、有理数は整数の比率からなる分数である、と定義されていますから、なにか任意の数 p と q があって、それが分数の形になった $\frac{q}{p}$ と書き換えることができるはずです。この $\frac{q}{p}$ は分数ですから、そこから求められる値は有理数です。ここでは、$x = \frac{q}{p}$ となっているかどうかを探ります。$x^2 = 2$ の x に $\frac{q}{p}$ を代入しますから、

$$\left(\frac{q}{p}\right)^2 = 2$$

が成立することを仮定します。ここで $\frac{q}{p}$ の分子と分母を約分して、分母 p と分子 q には 1 以外の公約数がない状態であるとしましょう。すると、上の式を式変形して、

$$q^2 = 2p^2$$

が得られます。この右辺の $2p^2$ には 2 がかかっているので、右辺全体の数を計算すれば偶数です。すると、左辺は右辺と等しいので q^2 も偶数のはずです。かりに q が奇数であれば、q^2 も奇数になります。たとえば、$3 \times 3 = 9$、$7 \times 7 = 49$ などを計算してみると例外なくそうなりますから、q が奇数であれば、q^2 も奇数になることがわかるでしょう。逆に、q^2 が偶数であるのですから、q も偶数である、と言えます。q が偶数であるとは、任意の整数 m について、

$$q = 2m$$

であることになります。この式を $q^2 = 2p^2$ に代入すると、

$(2m)^2 = 2p^2$

となり、計算すると、$4m^2 = 2p^2$ より、

$p^2 = 2m^2$

が得られます。この右辺は偶数ですから、q についてと同じ理由で、p も偶数でなければなりません。つまり、分母 p と分子 q はともに偶数でなければならないことになります。これは、「分母 p と分子 q には1以外の公約数がない」と仮定したことに矛盾します。この矛盾は、$\frac{q}{p}$ という分数を仮定したこと、つまり、$\frac{q}{p}$ が有理数である、と仮定したことに原因があります。このことから、

$x^2 = 2$

のなかの x に有理数 $\frac{q}{p}$ を代入しても、左辺と右辺が等しくなるという等号（＝）が成り立たないことがわかります。

　以上が、高校数学レベルでの背理法の用い方です。真犯人である $\sqrt{2}$ が、いくつなのかはわかっていませんが、分数で示される数（有理数）でないことだけはわかります。有理数にはアリバイがあった、ということになります。この否定のための論理としての背理法は、ロジカル・シンキングのなかの一局面でパワフルな活動をします。しかし、$\sqrt{2} = 1.4142135...$ という値を求める役に立つわけではありません。ある結論が、ある論理的な考え方を展開していくことからは導けないことを証明する方法として背理法があります。

　存在していれば矛盾するということから不存在を証明するのが背理法であるとすれば、存在していれば矛盾するという事例を言葉で示すのがパラドックスです。次に、その点を確認しましょう。

パラドックス

　ある言説が、回答不可能な困難をもたらす例としてパラドックス（逆説）をあげることができます。次のような例を考えましょう。

　まず、「神は全能である」、つまり、「神様にはできないことはない」、とい

う言明を考えましょう。これに対しては、次のようなパラドックスを提示することができます。「神様は、自分が持ち上げることのできないほど大きな石をつくることができるのか」という質問です。この質問はパラドックスになっています。

この設問に対して、もしも、神様が自分で持ち上げることのできない石を作れると回答したとすれば、できあがった石を神様は持ち上げられないのですから、神様が「全能」であるとは言えなくなります。逆に、もしも、神様が自分で持ち上げることのできない石を作ることはできない、と回答したとすれば、そのような石を作ることはできないのであるから、やはり「全能」ではないことになります。

パラドックスの原理がわかれば、その例を考えることは容易です。パラドックスが成立するのは二重否定が含まれているためです。そたとえば、スピード違反をして運転している車を現行犯で検挙するためには、警察のパトカーもスピード違反となるスピードを出さなければ検挙できないのですから、スピード違反の取り締まりを行うパトカーもスピード違反をしていることになる、といった例はすぐに思いつくことでしょう。

洞口（2014）で紹介したのは、中小企業の経営戦略に関するパラドックスです。

「もしも、『中小企業のための経営戦略』が優秀な戦略であって、企業規模を拡大することができるとすれば、その企業は中小企業ではなく大企業になっているはずである。逆に、もしも、『中小企業のための経営戦略』を実行したとしても、その企業が中小企業にとどまるのであれば、その経営戦略は企業規模の増大には寄与しないことになる。はたして、そのような『中小企業のための経営戦略』は、中小企業にとって意味のある戦略であろうか。」(p.4)

神様が持ち上げることのできない石を神様自身が創れるか、というパラドックスには、持ち上げることができない、という否定が含まれています。中小企業が経営戦略を実行しても中小企業のままにとどまる、というパラドックスには、中小のままである、つまり、大企業にはならない、という否

定が含まれています。パラドックスは言葉の遊びのようにも見えますが、問題の本質を深く考えさせようとする教師のテクニックとして、プラトンやアリストテレスの時代から考えられ、弟子たちに問いかけられてきたものです[3]。

ここで背理法とパラドックスとの関係をまとめておきましょう。背理法は、ある仮定を否定する方法である、と記しました。パラドックスでは、否定するべき仮定のなかに否定が含まれていると、その仮定を否定したときに、その仮定のなかに含まれた否定が成立しなくなります。背理法は真犯人を教えないのですが、パラドックスが提起されれば、前提条件を変更しない限り、誰もが回答を失います。背理法は、明確な否定を論理的に導くことができる、という意味で重要な思考方法なのです。

三段論法

背理法よりも積極的に、ある行動を示唆する論理として用いられるのが三段論法です。たとえば、次のような例があります。「灰皿を置いてあるところでは成人がタバコを吸ってもよい。」「喫茶店には、灰皿がおいてある。」「したがって、喫茶店では成人がタバコを吸ってもよい。」以上のような言明は、三段論法と呼ばれます。最初の文章を大前提、次を中前提、最後を結論、と呼びます。三段階の言明で、ある行動が行われうることを明示するために用いられます。この場合であれは、喫煙が許される状況を明示しています。

説明のために、殺人事件の例を用いましょう。

背理法を適用した場合、殺人事件の行われた時刻には犯人がその場所にいなかった、ということを示すことができます。アリバイでした。しかし、背理法では容疑者にアリバイがあって犯人ではない、というだけであって、誰が真犯人なのかはわからないのです。

三段論法の場合には、より積極的に真犯人を特定化することができます。

---

3 プラトン (1979, 1994) 参照。

たとえば、「殺人現場では、被害者の爪に残された被害者以外の人間の血液が採取され、そのDNAの配列を知ることができた。」「容疑者Aの唾液からは、そのDNAと同じ配列が得られた。」「したがって、容疑者Aが殺人犯である。」といった場合です。大前提・中前提・結論という思考方法によって、容疑者Aを犯人として容疑を固めることができます。

背理法の有効性をパラドックスが脅かしたように、三段論法による論理の有効性に対しても、多くの欠陥があることが指摘されています。

「灰皿を置いてあるところでは成人がタバコを吸ってよい。」「喫茶店には、灰皿がおいてある。」「したがって、喫茶店では成人がタバコを吸ってもよい。」という三段論法には怪しいところがあります。その怪しさの答えは、喫茶店の広さにあります。確かに喫茶店の店内には灰皿を置いてありますが、健康増進法という法令によって、店内は喫煙コーナーと禁煙コーナーに分けられている、という事実です。つまり、たとえ灰皿が置いてあっても、その店のなかでタバコを吸える場所は限られた座席のみである、という点です。

言いかえれば、「灰皿を置いてあるところでは成人がタバコを吸ってもよい。」という大前提のなかの「灰皿を置いてあるところ」という限定が緩いのです。たとえひとつの店の中にいたとしても、自分と灰皿の間にパーテーションがあって、喫煙コーナーと禁煙コーナーとが分離されていれば、自分が禁煙コーナーにいるときにタバコを吸ってはいけないのです。

「灰皿を置いてあるところでは成人がタバコを吸ってよい。」という大前提には、喫茶店でのルールを持ち出さなくとも疑問を提起することができます。たとえば、もしも、この「成人」が肺結核にかかった病人であったらどうでしょうか。健康ではない成人がタバコを吸うことは、生命に危険をもたらすのですから、「吸ってもよい」とは言えないことになります。

第7章で詳しく説明しますが、仮説を導く作業とは、この大前提を理論的な視角からつくりあげる作業なのです。しかも、単純な結論としての言明ではなく、結論の曖昧ななかでの条件を探索する作業なのです。

必要条件と十分条件[4]

「灰皿を置いてあるところでは成人がタバコを吸ってよい」という三段論法の大前提は、条件をしめした文章になっています。条件をしめした文章とは、「もしも、〜〜ならば、・・・である」という文章によって示される考え方のことです。このように条件を明示した文章のなかには二つの種類の概念が埋め込まれています。それを必要条件と十分条件と呼びます。

たとえば、「子猫を産んだ猫は、雌猫である」という文章の場合には、子猫を生んだ猫は雌猫であることの十分条件である、といいます。つまり、子猫を生んでいたら、その猫は雌です。その逆に、雌であるからといって、子猫を生むとは限りません。それを二つの円で描かれた包含関係で示せば、雌猫という集合が、出産をした雌猫の集合よりも大きく、後者を覆っていることになります。そのような状況を指して、雌猫であることは子猫を生むことの必要条件である、といいます。つまり雌猫のなかの何割かが子猫を産みますが、すべての雌猫が子猫を産むわけではありません。

必要条件と十分条件は、二つの事象をつなぐものです。したがって、「もしも、〜〜ならば、・・・である」という文章が、二通り成り立つことがわかるでしょう。つまり、

「もしも、雌猫ならば、子猫を産む」

という文章と、

「もしも、子猫を産んだならば、雌猫である」

という二つの文章です。

前者は必要条件を表現したものであり、後者は十分条件を表現したものです。

「もしも、灰皿がおいてあるならば、成人がタバコを吸ってよい」

という文章を逆転させて、

「もしも、成人がタバコを吸ってよいのならば、灰皿がおいてある」

---

4 チャン＝ウエインライト（2010）およびセン（2000）を参照。

必要条件と十分条件　89

と書き換えてみれば、前者が必要条件、後者が十分条件に対応していることがわかるでしょう。灰皿が雌猫に対応し、タバコを吸うことが子猫を生むことに対応しているのです。

　以上の考察から次の点がわかります。つまり、三段論法の大前提には、必要条件が述べられている場合と、十分条件が述べられている場合があり、前者の場合には誤った提言が生まれうるのです。

　たとえば、「雌猫ならば、子猫を生む」を大前提、「子猫を生んだ猫は、抜け毛が多い」を中前提、「したがって、雌猫は、抜け毛が多い」を結論とする三段論法をつくったとすれば、すべての雌猫が子猫を生んでいないのですから、「雌猫は、抜け毛が多い」とはいえないはずなのです。したがって、わざわざ三段論法を使った結論を導く必要はないことになって、その結論はあやしげなものとなってしまいます。この場合の三段論法は誤った結論を導いてしまうのです。注意すべきなのは、「雌猫ならば、子猫を生むことができる」という大前提と、「子猫を生んだ猫は、抜け毛が多い」という中前提のそれぞれは、必要条件を述べているのですから、必ずしも誤謬とは言えない、ということです。

　三段論法の大前提には十分条件が置かれているべきです。「子猫を生んだ猫は、雌猫である。」「子猫を産んだ猫は、抜け毛が多い。」「したがって、子供を産んだ雌猫は、抜け毛が多い。」以上のような論法であれば、十分条件を記述している大前提には疑う余地はなく、中前提である「子猫を産んだ猫は、抜け毛が多い」という言明がデータによって示される事実と比較して正しいかどうかを疑うことになります。この中前提も、「もしも、〜〜ならば、・・・である」という構文から成り立っており、この構文はある条件のもとでの結果を表現しています。

　ある条件のもとでの結果を表現する文章は、仮説に近いのです。それを仮説と呼ぶためには、その背後にある理論を考えねばならないのですが、少なくとも、表面上は仮説の「ようなもの」として認識されてしまいがちです。ある条件のもとでの結果を表現する文章は、まだ結論の出ていない認識を意味しています。それにもかかわらず、三段論法のなかには、大前提という仮説と、中前提という仮説が二つ含まれているのです。それらの正当性や厳密

性を吟味することなしに三段論法を振り回すのは危険である、ということは記憶しておくべきでしょう。

仮説とは何かについては、次章第7章で説明しましょう。

〈社会人大学院生のよく犯す間違い〉
① 演繹的な思考方法が数学的な思考方法と密接に結びついているとは思っていない。数学を学ぶことがロジカル・シンキングの基本であるとは思っていない。
② 誰かが言った内容を批判することは、「はしたないこと」、「敵を増やすこと」、「オトナの礼儀に反すること」だと思っている。
③ ディベートでは、相手に言い負けないために、多数の人が同意する意見を言うことが大切だと思っている。
④ 背理法やパラドックスを勉強しようと思っていない。

〈研究水準を高める学び方〉
① 数学的なモデルが持つ説明力を理解するために、経済数学の入門書を読みましょう。
② 公表された文章に対する批判（テキスト・クリティーク）を、本気になって行いましょう。誤字脱字、論理矛盾がないかを探しましょう。ディベートよりも徹底的に批判を展開することが可能です。それはロジカル・シンキングの基本です。
③ 三段論法は「できてあたりまえ」です。三段論法を論破する方法を身につけましょう。大前提や中前提が必要条件を述べていないか、チェックしましょう。十分条件に置き換えると、どのような表現になるか、考察しましょう。
④ プラトンの『メノン』や『国家』を読むとギリシャ時代からパラドックスによってロジカル・シンキングが鍛えられてきたことがわかります。岩波文庫を読んでみましょう。

第7章　仮説の構図

〈キーワード〉
仮説、経験則、法則、命題、帰無仮説（null hypothesis）、仮説の検証、操作可能性、仮説の追検証

仮説思考

　研究論文やリサーチペーパーを作成するときに、仮説を設定し、その仮説を検証せよ、と教わることは多いでしょう。大学教授として学生の論文作成を指導する立場に立つときに、説明しにくいものの一つは、この仮説を用いた思考方法です。

　仮説を立ててそれを検証する、という作業はどのようなステップを踏むものなのでしょうか。仮説を立てるためには、どのような準備が必要なのでしょうか。大学の教授陣たちも仮説を立てて検証する作業を積み重ねているはずですが、仮説にたどり着くためにどのような思考の道筋をたどってきたのかについては、さほど明確に説明してもいないように思われます。

　社会人大学院生として修士課程で学ぶ「あなた」にとって、まず注意すべきなのは、仮説を設定できる学者と、それができない学者がいる、という事実です。大学院教育の大衆化は社会人大学院生を大学院に招き入れたというプラスの面を持ちますが、同時に、研究能力の低い大学教員を教育・研究者として大学院に滑り込ませたというマイナスの面を持ちます。

　まず、論文を書いていない学者は仮説を設定できていません。過去5年間、論文を書いていなければ、過去5年間については仮説を設定するという作業を行ってこなかったことになります。次に、論文を書いていたとしても、理論的な考察を十分に行う能力のない学者は仮説を設定できていないでしょう。そうした研究者は論文らしき文章は発表していても、仮説は提起し

ていないのかもしれません。

　他の人の設定した仮説を追検証するという作業をしている学者にも、仮説を設定する能力はないことになります。大学院修士課程では、先行する研究で採用されている仮説をもとに、その追検証をする研究水準が求められますから、独自の仮説を設定できない学者は、延々と修士課程水準の研究を続けていることになります。しかし、明治時代以来、西欧から学説の輸入を行ってきた日本の社会科学では、そうした仮説の模倣をすることが当然のことであり、特段の危機意識を持って反省されることもなかったように思えます。社会人大学院生である「あなた」が授業料を支払って学んでいる学者が、どのような仮説を設定してきたのかについては、論文の読者である「あなた」自身が判定しなければなりません。

　他方で、仮説を設定できる研究者はコンスタントに論文を書いて発表しているのですが、その思考プロセスは、いわば企業秘密のようなものでしょう。論文に仮説は記されているのですが、その仮説を導出するに至った方法が明確に説明されることは少ないでしょう。

　パース（1980, 2001）という哲学者は、説明の難しい仮説設定の思考プロセスをアブダクションないしリトロダクションと呼んでいます。ビジネスの世界でも、仮説を設定することの重要性を説く声があります。新たなマーケティングの手法を採用することによって新製品を販売しようとするときには、その販売先ターゲットや新製品のポジショニングについての仮説を設定する、といいます。ベンチャービジネスを立ち上げるときにも、新規参入する市場のセグメントをいかに設定するかについて仮説を設定する必要がある、と言われています。

　良い研究論文には良い仮説があるのですが、残念なことに、優れた研究者の優れた論文は、「あなた」自身にとって関心がある研究領域からは遠く隔たっている可能性もあります。「あなた」の研究に役立つ一般論としての仮説設定の重要性を説明した文章は、そう多くはないでしょう。つまり、「あなた」の出席している社会人大学院の授業で使われている教科書のなかには、理論研究や実証研究のサーベイは記載されていても、仮説のつくり方という章は含まれていないのが普通でしょう。

仮説は論文のなかにあります。したがって、優れた仮説を設定した論文を探して読まなければなりません。優れた仮説に巡り合うためには、まず、仮説とは何か、を知らなければなりません。

経験則と仮説と法則

　仮説とは何かを理解するための準備作業を第6章で説明しました。仮説の背後には理論がありますが、経験則の背後には理論はありません。経験則の背後には個人や集団の経験のみがあります。仮説を検証するための研究のことを実証研究と呼び、その検証の結果として正しいと認定された仮説は、理論的命題と呼ばれ、法則とも呼ばれます。仮説と同様に法則の背後にも理論があります。理論は普遍性を持った概念から成り立つ論理ですから、法則も普遍性を持ちます。普遍性とは、いつでも、どこでも成立する、という要件のことです。したがって、理論に裏付けられた法則も普遍的に現れて観察可能なものとなるべきものです。

　それに対して、経験則の背後には理論はありません。経験則の背後には、個人や集団の経験がありますから、第6章で説明したように、経験則は類推から生まれますし、私たちが個人的に経験したことからも経験則は導かれます。そこには未来のある時点に理論と呼ばれることになる考え方が含まれているかもしれませんし、そうした要素はないかもしれません。いずれにしても、経験則の背後には理論はなく、仮にあったとしてもその理論が十分に認知される状態にはありません。

　私たちの日常生活をめぐる経験則には、様々な種類があります。たとえば、観天望気と言って山や海の雲の様子を見ることによって天気予報をする、といった作業も経験則に依存しています。気圧も図らず、梅雨前線も描かず、衛星から台風の様子を観察するのでもないのですから、科学的な天気予報よりも精度は低いものでしょう。それでも、「あの山の中腹に霧がでたら、夜は雨になる」といったような言い伝えが当たる場合もあります。

　経験則が成立する理由について、科学的な研究に基づいた説明が可能となれば、その経験則は仮説になります。ある山のなかの気温、風向き、湿度な

どの要因によって霧と雨との関係が説明できるのであれば、その説明は、「あの山の中腹に霧がでたら、夜は雨になる」という経験則の科学的な根拠を説明することになります。その作業によって現象を説明する精度が増すことになります。経験則が理論的な法則に昇格するためには、経験則として認識されている要因を仮説として再構成し、さらにその仮説を検証する、という手続きをとる必要があります。経験則は仮説の種となるものです。

命題と仮説

　経験則は仮説の種となるものであり、仮説は理論的法則を検証するための試金石となるものです。経験則と仮説と理論的法則とは異なる概念です。しかし、人間の言語で説明されるものです。その言語による説明の仕方は似通っています。どのような意味で、その説明方法が類似しているのか、について考察すると、それらに共通するのが命題（proposition）という概念です。

　命題とは、ある種の判断を示す言明を指します。経験則も、仮説も、理論的法則も、この判断を示した言明という意味では命題の一種であり、その意味では共通しています。さらにわかりやすく言えば、命題とは、「とにかく言い切ってしまっていることが大切な文章のこと」です。「あの山の中腹に霧がでたら、夜は雨になる」というのも命題ですし、「2つの三角形の一辺の長さが等しく、その辺の両端の角度がそれぞれ等しければ、その2つの三角形は合同である」というのも命題です。「良薬は口に苦し」も命題ですし、「二兎を追うものは一兎をも得ず」という格言も命題です。「完全市場では資本構成が企業価値に影響を与えない」というモジリアニ＝ミラーの命題や「組織は戦略に従う」というチャンドラーの経営戦略に関する命題などは、経済学・経営学のなかで有名な命題です[1]。

　「理論的な命題」と言うときには、演繹的な思考や帰納的な作業から導か

1　洞口・行本（2012）には、モジリアニ＝ミラーの命題やチャンドラーの命題に関する概説があります。

れた判断のことを指します。演繹的な思考の典型は数学的なモデルを使った計算結果です。経済学の学術雑誌では、ある仮定にもとづいて構築された数学的モデルからの結論を命題として示しています。帰納的な作業の典型は、データベースを構築したのちの統計的解析です。つまり、命題は、数学的なモデルから導かれることもあれば、データを集めて分析した結果として提示されることもありますし、論理的な思考から言葉として導かれる場合もあるのです。つまり、言葉によって論理的に整理された思考の結果が命題となる場合もあります。命題には、検証可能なものもありますが、検証不可能なものもあります。簡単に言えば、命題は検証不可能であってかまわないものです。

「理論的な命題」が「理論的法則」よりは弱い意味で使われていることは明らかでしょう。数学的なモデルから導かれた計算結果を「命題」と呼ぶことができたとしても、それを実証研究によって検証し、ある条件のもとであれば必ずある結果が惹き起こされるという関係を導かなければ「法則」と呼ぶことはできません。

「命題」は論理学の用語としては、p→qと書いて、「pならばqである」という文言を指します。これは第6章でみた「子猫を産んだ猫は、雌猫(めすねこ)である」という十分条件の文章と構造は同じです。三段論法の大前提も同じ文章の構造をしています。チャンドラーによる「組織は戦略に従う」といった命題を「pならばqである」という表記に当てはめるとすれば、「p（多角化戦略を採用する企業組織）ならばq（事業部制を採用するの）である」という対応になるでしょう。

「命題」は文章の形態とみなすことができますから、十分条件や三段論法の大前提になるのと同様に、検証すべき仮説となりえます。つまり、本当にそうなのかどうか、不明な段階の命題を仮説と呼びます。たとえば、数学的なモデルによって命題が導かれてはいるものの、現実の世界において本当にそうなのかどうか不明な状態があり、その場合でも命題と呼ばれます。

命題⇒仮説の導出⇒仮説の検証⇒検証を経た仮説から導かれた命題、というサイクルが描かれることによって、科学的な命題の精度が高まっていきます。つまり、検証を経る前の仮説も命題となりえますし、逆に、多くのデー

タによって正しさが証明されたのちにも命題と呼ばれます。そうした検証のプロセスが十分に成熟したのちに、依然として成り立つ命題は法則と呼ばれる地位に立つことになります。

命題は、言い切ってしまうことのできる事実認定のことでした。たとえば、「男性の平均寿命は女性の平均寿命よりも短い」というのは命題であって、かつ、それが検証されるまでは仮説の位置にとどまります。命題は仮説と同じ言い方で表現できます。両者の違いは、命題が検証を直接に求めていないことであり、仮説は検証するために存在する言明である、という点です。

仮説のようなもの

本書第6章では、演繹と帰納、数学的帰納法と後ろ向き帰納法、背理法とパラドックス、三段論法、必要条件と十分条件について説明しました。本章では、法則と経験則、命題といった概念を整理しました。これらの作業によって、仮説「のようなもの」が明らかになってきました。「p ならば q である」という言い方は、仮説、命題、必要条件、十分条件などに共通するものです。

たとえば、三段論法の大前提を「条件のついた事実」として表現することが、仮説に近い言い方になっていることもわかるでしょう。三段論法の大前提として明記される内容が、本当に普遍的に成り立つのかどうかわからない場合もあるのです。これは三段論法をくつがえすテクニックともなりえます。大前提が正しい命題ではないとすれば、そののちの中前提や結論もくつがえってしまうのです。

仮説「のようなもの」が仮説そのものとして導かれるためには、仮説を構成する概念が実体的に示されていなければなりません。科学的な検証のための思考の道筋が明示されていることが必要です。仮説は、まだ法則になっていないのです。法則として認められるためには、仮説を検証する、という作業を経なければなりません。仮説の検証には厳密さが要求されますから、そのためには、仮説そのものを精巧に表現しなければならなくなるのです。検

証作業に耐えうる言い方で、「pならばqである」という判断を表現しなければなりません。仮説が統計的データや現実の観察から得られたデータによって検証作業に耐えうることを指して操作可能性といいます。操作可能性の高い仮説とは実証研究の俎上に載せやすい仮説であり、操作可能性の低い仮説とは検証作業を行うことが困難な仮説であることを意味します。

仮説の形式

仮説には、AならばBとなる、という形式があります[2]。命題もp→qと書いて、「pならばqである」と書き表すことができるものでした。その両者は、表現方法としては同じなのです。命題を検証するときには、その命題を仮説と呼びます。命題は理論から導かれますが、まだ検証を経ていません。仮説は検証可能性を備えた命題として表現されます。

統計的な分析を行うときには、仮説における「Aならば」の部分を独立変数ないし説明変数と呼びます。「Bとなる」の部分は、従属変数ないし被説明変数と呼ばれます。この「AならばBとなる」という関係は、$y=f(x)$という関数として記述できます。たとえば、「Aならば」のところを「xが増加すれば」として、「Bとなる」の部分を「yが増加する」とすれば、$y=f(x)$の関数は、xが増えれば増えるほどyが増加する、という関係を示していることになります。

三品（2004）によって提示されている例を紹介しましょう。同書では、「社長が長期にわたって在任する会社は、収益性が高い」という仮説を検討します。この仮説の場合には、「Aならば」に該当するのは、「社長が長期にわたって在任する会社」ならば、という部分になります。「Bとなる」の部分は、「収益性が高い」となります。この仮説を様々な形で検証し、そうした傾向が見られることが確認でき、さらにその理由を理論的に説明できるとすれば、この仮説を法則と呼ぶことができます。

---

2 あるいは、Bの部分がやや複雑になって、AならばX→Yとなる、と表記される場合もあります。「社長が長期にわたって在任する会社は、収益性が高い」の例では、「社長が長期にわたって在任する会社」がA、「収益性」がX、「高い」がYに該当します。

仮説の検証

　仮説を検証するときには、そこで用いられている用語を厳密に定義する必要が生まれます。たとえば、「社長が長期にわたって在任する会社」と言った場合に、この言明を成り立たせている各用語を厳密に定義しなければなりません。

　まず、「社長」とはどのような仕事をする人なのでしょうか。会長ではダメでしょうか。社長とCEOには違いがあるのでしょうか。違いがあるとすれば、どのような違いなのかを明確にしなければなりません。日本的な意味での代表取締役社長なのか、欧米的な意味での最高経営責任者（CEO）なのかは、取締役会の機能と構造との関係のなかで役割が定まるものであり、両者の定義は異なります。つまり、「社長」という用語を定義しなければなりません。

　次に「長期」とは何年以上を意味するのかを検討しなければなりません。たとえば、会計基準では1年未満を短期、1年以上を長期と呼びますが、社長の在任期間を分析の対象とするときに、会計基準を当てはめるわけにはいきません。企業のなかには、1年未満を短期、1年以上5年未満を中期、5年以上を長期と呼んで経営計画を立てる場合がありますが、ここでその定義を利用して良いのでしょうか。短期・中期・長期は、相対的な概念ですから、なんらかの基準を設定して、その基準にもとづいて比較しなければなりません。

　さらに、「社長が長期にわたって在任する会社は、収益性が高い」という命題に含まれている「収益性」の指標として何を用いるのかを検討しなければなりません。収益性を計測しようとするときには損益計算書と貸借対照表のデータを用いるのが普通ですが、損益計算書に登場する利益には、売上総利益、営業利益、経常利益、税引前当期純利益、税引後当期純利益などいくつかの指標があります。また、キャッシュ・フロー表を用いて企業の手持ち現金の豊かさを指標化することも収益性に近い考え方かもしれません。それらの収益性指標を割る分母としては、損益計算書に登場する売上高、貸借対

照表に現れる総資産、純資産、自己資本など、いくつかの指標があり得ます。さらに、連結決算の数値を用いるか、単独決算の数値を用いるかによっても、収益性には大きな違いがうまれます。

どの指標を用いるかは、仮説を導いた原理となった理論との対応関係に依存します。もしも、「社長が長期にわたって在任する会社は、収益性が高い」という命題が、連結対象となるすべての会社を意味しているのであれば、連結決算の数値を利用することになります。しかし、その場合には、連結決算の対象となるそれぞれの会社に「社長」がいるはずですから、連結決算を作成する持ち株会社の社長が果たす役割と、個別の会社の「社長」が果たす役割とを理論的に分けて説明しなければならなくなります。

もしも、「社長が長期にわたって在任する会社は、収益性が高い」という命題が実証不可能なものであるとすれば、この命題とそれを導き出した理論的概念の操作可能性が低い、と言います。繰り返しになりますが、操作可能性とは、ある理論から導かれた仮説が実証研究によって検証されうるかどうか、を指します。仮説検証のためには、検証可能な理論的概念が仮説のなかに含まれていなければなりません。

実証の方法

実証研究において、命題そのものを仮説として捉えて検証することが不可能なときには、命題を操作可能性の高い仮説の形に言い換えて検証する、という方法が採用されます。これはデータの入手可能性に依存しています。新たな技術の発展によって、今まで集めることのできなかったデータを集めることができるようになれば、検証可能な仮説の範囲も広がります。

仮説を実証するためにデータを集めたならば、次には、統計学の力を借りてその検証作業を行います。統計学では、帰無仮説（null hypothesis）といって否定すべき命題を示したのち、その帰無仮説が否定しきれない場合には、帰無仮説の対立仮説が生き残る、という順番で実証作業を行います。

簡単に言えば、帰無仮説とは、証明すべき仮説とは反対のことを述べている命題ということになります。「社長が長期にわたって在任する会社は、収

益性が高い」という仮説を対立仮説とする帰無仮説は、「社長が長期にわたって在任する会社は、収益性が低い」となりますから、「社長が長期にわたって在任する会社」の財務データを集めて、「社長が長期にわたって在任していない会社」と収益性を比較し、統計的な検定によって両者の間に収益性の差があるかどうかを検定します。それによって、帰無仮説である「社長が長期にわたって在任する会社は、収益性が低い」とは言えないときに、「社長が長期にわたって在任する会社は、収益性が高い」という対立仮説が否定されないことから、生き残った命題として選択されることになります。

　帰無仮説を設定するという作業プロセスは、私たちの日常生活からみると迂遠な手続きです。たとえば、「カラスであれば、羽根の色は黒い」とか、「子猫を産んだ猫は、抜け毛が多い」といった単純な例を考えると理解しやすいでしょう。これを「もしも、〜〜ならば、・・・である」という条件文のかたちで言い換えれば、「もしも、カラスであるならば、羽根の色は黒である」とか、「もしも、猫が子猫を産んだならば、抜け毛が多い」となります。

　こうした仮説に、頑固に反論をする人がいたとしましょう。「オレは、白いカラスを見た」とか、「我が家の猫は、子供を産んだけれど抜け毛は増えていない」と主張して、その主張を譲ろうとしない頑固な人がいたとしましょう。もしも、この頑固な人が見たカラスが一万羽のカラスのうちの一羽であったとしたら、どうでしょうか。あるいは、自宅で飼っている一匹の雌猫が子供を産んで、その結果、抜け毛が増えなかったという一回だけの経験を言葉にしているのであるとすれば、どうでしょうか。その二つともに、稀な経験を普遍的な事実として述べていることになります。

　統計学では、1万羽のカラスのうち1羽だけが白いとしても、それは1パーセント未満の水準で起こる事象なので、「1パーセント水準でカラスが白いとは言えない」という言い方をします。

　すでに説明したように、自宅に10匹の猫がいて、そのすべての猫が「子供を産んだけれど抜け毛は増えて」いなかった、といった類の経験から導かれた傾向のことを経験則といいます。その経験則は、たまたまその人の飼う猫にだけ現れたのかもしれず、それ以外の猫にあてはまるのかどうかは、不

明です。10匹では説得力がないとすれば、100匹ではどうか。100匹ではダメならば1000匹ではどうか。そのようにしてデータを集める作業は帰納的なものですが、その作業によって統計的な検定を行うことができます。

反論の余地

　仮説を用いた思考方法は、わざわざ面倒な言い方をしているように見えます。この面倒な手続きをとることには、それなりの理由があります。つまり、仮説を設定した思考方法を採用することによって反論の余地が残されるのです。反論の余地を残した言明をすることが科学的な言説なのです。

　水晶玉や人相によって占いをするひとたちがいますが、そうした占いに対して反論することは難しいのです。「本日、一番運の悪い人は、牡羊座の人です」とテレビ番組で占いの結果が流れたときに、「そうではない」と反論する余地は残されていません。占いは、その根拠について反論することが難しいのです。それに対して、仮説を導いて検証するという科学的な思考方法には、常に反論の余地があります。多様なデータが存在するときには、あるデータに対する反論が別のデータによって提供されうるのです。データが存在しないときには、科学的な検証のための反論は生まれません。データは、誰かが作成してくれるものではありません。データは科学に携わる人が自分自身で集計するものです。自分の身の回りの客観的なデータを集めることによって統計的な検定という作業の根拠が与えられます。

　科学的な思考から生まれた理論に対しては、実証的な研究によってその検証が行われなければなりません。反論の方法が示されていることを指して、反証可能性（falsifiability）と言う、という点については本書第5章で説明しました。占い師の覗きこむ水晶玉が告げる「お告げ」には反証可能性はありません。東京都内の雌猫1,000匹について、出産経験の有無と抜け毛の量をデータとして収集すれば、それは反証可能性を有するデータとなりえます。その研究の信頼性を高めるためには、さらに日本全国から一万匹の雌猫のデータを集めるとどうなるか、世界の各国ではどうか、といったデータを集めることになります。

反証とは、「そうはなっていない事例を集める試み」のことであり、反証を試みて、なおかつ、その反証が成立しないと認識されたときに仮説が成立し、新たな法則の候補が生まれます。一つの研究で理論的な可能性が示されたのちに、数多くの追検証を経て法則が確立していきます。法則を導くまでの科学的データ収集には、とてつもない時間と労力とが必要となります。その意味で、大学院修士課程に在籍する「あなた」が、先行する研究で採用されている仮説の追検証をする、という作業には意味があることになります。「あなた」の追検証によって、ある仮説が法則として成り立つことを示す研究成果が一つ増えることになるかもしれません。不十分なデータで仮説の検証を行えば、その結果がどのようなものであっても信頼に足りないことも、容易に想像できるでしょう。大学院で行われる研究には、そうした厳しさも要請されているのです。

〈社会人大学院生のよく犯す間違い〉
① 仮説を実証するためにデータを集めようと思っていない。
② どのような仮説を検証しようとしているのか、その仮説が何を研究するため命題なのか、仮説検証のためにどのようなデータを集めているのか、自分自身で論理的な説明ができない。
③ 仮説を構築するときに利用できる理論とは何かを考えていない。過去にどのような理論があったのかを文献を通じて調べて理解しようとしない。
④ 仮説のない研究をしている教授であれ、誰であれ、自分に修士号を与えてくれる教授であれば良い教授だと思っている。

〈研究効率を高める学び方〉
① 研究に仮説は不可欠です。研究課題とその回答になりそうな要因を言葉にして書いてみましょう。回答を推論できれば、それが仮説につながります。自分の言葉で説明しきれないときには、いままでにどのような研究があったのか、調べてみましょう。
② ひとつの理論から、さまざまな仮説を導き出すことが可能です。いくつかの論文を読み、その論文のなかの仮説を成立させている論理を考えてみましょう。
③ ある研究テーマが選択されたとすると、その選択自体が内在的な仮説の存在を示唆しています。どのような研究テーマを選択するかが、どのような仮説を検

証するのか、という課題につながっていることを理解しましょう。また、検証不可能な仮説と操作可能性の高い仮説の違いを考えてみましょう。

④ 仮説を実証するためには、データ集めに対する高いモチベーションが必要です。データが集まったら、仮説検定の方法について統計学を学ぶ必要があります。

第8章　研究成果の表現技術

〈キーワード〉
修士論文、リサーチ・ペーパー、口頭試問、卒業論文、小論文、編、部、章、節、項、小見出し、段落、同音異義語、誤字、誤植、論理的な思考能力、カット・アンド・ペースト、脚注、剽窃、推敲、リサーチ・クエスチョン

研究成果の種類

　大学院で作成する研究成果には、いくつかの種類があります。大きな分類としては、授業の単位を与える要件となっているものと、修士課程の修了要件となっているもの、という二つの分類があります。授業の単位取得のための研究成果報告には、レポート、小論文、プレゼンテーションと質疑応答、などの種類があり、長くとも数週間、短ければ数日の準備期間を与えられます。そうした期間でレポート作成や授業内試験の形式での小論文作成が義務づけられます。

　研究成果の第二の大きな分類である「修士課程の修了要件となっているもの」については、大きく二つの形態があります。第一は、修士論文です。これは、修士課程での研究の内容を示すものです。第二は、リサーチ・ペーパーと呼ばれるもので、修士論文よりも実務の内容に近いものや、将来始めようとする事業プロジェクトの計画を含むものなどがあります。

　第二の形態の場合には年度末の口頭試問を伴いますから、提出した論文やリサーチ・ペーパーについての質疑応答が予測されます。自分で文章を書きながら「これでは不十分かもしれないな」と思う箇所には、面接官となる教授からも指摘がくることが予想できるでしょう。修士課程を修了しようとする「あなた」が「不十分だが、まあ、いいか」と妥協してしまうと、それは「あなた」の成績に跳ね返りますし、なによりも、面接のときに当然の指摘

を受けるという悔しい思いにつながるものでしょう。

　「あなた」の作成するレポートやリサーチ・ペーパーを、もっとも良く理解しているのは、「あなた」自身です。作成にあたっては、何回読み直しても良く、提出期限までは自分の文章を何回書き直しても良い、というルールであることを理解しましょう。時間の許す限り、丁寧に作成するべきですし、そのためには早い時期に作成を開始することが大切です。本書第1章で強調した「知識欲の管理」が重要なのは、修士課程の総まとめに必要な作業を一年生のうちから開始するべきだからです。作成したレポートやリサーチ・ペーパーは、「あなた」の能力と人格を示すものとなります。ずさんなレポートはずさんな人間性を示します。時間をかけて作業をしましょう。その時間を確保しなければなりません。

　修士課程の修了要件のうち、最も高い水準が要求されるものは修士論文ですが、その話をするまえに、いくつかの予備知識を説明しておきましょう。レポートの作成と国語力、カット・アンド・ペーストと脚注についてです。

授業内レポートの作成

　授業での課題となるレポートは、修士課程で最終的に作成するリサーチ・ペーパーや修士論文のための習作となるものです。レポートを作成するという訓練を通じて、文章を書く能力が鍛えられます。複数の選択肢のなかから一つの正解を選ぶという択一式の大学入試しか経験していない人にとっては、まったく異次元の能力が要求されます。大学に入学すれば、学部のゼミナールでレポートや卒業論文を書くことが奨励されますが、そうした経験や訓練を経ないまま大学を卒業する人も多いのが現実です。

　レポートや小論文には、おおまかな課題が与えられていることが多いでしょう。授業内容に関連した課題ならば、その課題に正しく答えているか、という点が重要な評価基準になります。大ぐくりな課題が与えられて、そのなかでの問題発見能力を問うているものもあります。たとえば、「日本で活動する外資系企業のM&Aの事例について、その成功要因と失敗要因をまとめよ」のように、どのような「M&Aの事例」を発見するか、を問う課題

です。こうした課題が与えられたとすれば、限られた時間のなかでM&Aに関する基本的な事項をまとめた教科書や参考書を読み、関連する論文を探し、それらを参照したことを明示してまとめたのち、新聞記事や雑誌記事のデータベースからM&Aの事例を探し、有価証券報告書や会社のホームページなどから追加的な資料をまとめる、といった作業を行うと良いレポートが書けるでしょう。上記の課題に答えるためには、成功事例と失敗事例とを少なくとも一つずつ集めたほうが良いでしょう。課題に答えるためには、そうした作業を行うことが期待されています。

　レポートを採点する教授の立場からすると、主観的な面白さだけで評価するわけにはいきません。問題発見の面白さ、といった主観的な点は加点によって評価するとしても、客観的な評価点を示すことで成績をつける必要があります。つまり、レポートの採点では、レポートの課題に十分応えた研究成果である、といった大きな評価項目の前に「あなた」の国語力を評価対象とせざるを得ないのです。

社会人大学院生に求められる国語力

　社会人としての「あなた」が有する国語力については、以下のような注意が必要です。社会人大学院生は、仕事で文章を書いていますから、みな国語力に一定の自信を持っています。ところが、国語力には個人個人に非常に大きな差があります。次のようなチェックリストを考えてみて下さい。

　第一のチェック項目は、「あなたが日本語の文章を書くときに段落を認識していますか」、という質問です。日本語には段落があります。段落をはじめるにあたっては一文字下げるのが通例です。段落は、思考のかたまりを示します。一つの考えを、いくつかの文章で示すときに、それを段落でまとめます。したがって、段落のない文章は思考のかたまりが認識されていない文章ということになります。

　段落については小学校で学ぶはずですが、それができていない社会人は多いのです。つまり、段落をつけない文章を書く社会人は、意外なほど高い比率に達します。おそらくは、メールやラインやツイッターといったインター

ネットによるコミュニケーション手段が発達して、段落を無視した短文での思考様式が台頭してきたことによるのかもしれません。また、ワードのような西欧発の文書記述ソフトウェアの場合にも、段落という概念を適用するかどうかは利用者の意識にまかされます。つまり、ワードを使って文章を書く場合でも、原稿用紙に手書きで文章を書く場合でも、段落のない文章を書くことは可能ですし、文章を書いているだけでは段落の重要性を理解することはできません。

　段落のあり、なし、でレポートの成績評価が異なることに驚いた人もいるかもしれません。採点する大学教員のなかには、段落の有無を強調せずに採点をする人もいるかもしれません。採点するかしないか、減点するかしないかは、問題の本質ではありません。大切なのは、日本語の論理を組み立てるうえで段落が不可欠である、ということです。仮に「あなた」が大学教員で、学生の作成したレポートを採点する立場にあるとしましょう。そして、「あなた」の教える大学院生がレポートを提出してきたとしましょう。そのページをめくって見たとき、A4版の紙に記載されたワードの文章が、数ページにわたって、いっさい段落なしで、ずらずらと書き綴られていたとしたら、「あなた」はどう感ずるでしょうか。いっさいの段落がない文章が、ずらずらと数ページ続くとき、その文章が読み手に与える恐怖を想像してみて下さい。

　段落のない文章は、自分が理解不可能なお寺の「お経」を聞きつづけたり、意味を理解できない外国語のニュースを聞きつづけたりしている感覚に近いものがあります。段落は、思考のかたまりを示すのですから、その思考のかたまりの意味を読み手が理解できるように提示するべきなのです。そして、思考が順序づけられた命題のかたまりであるとすれば、一行で終わる段落というのは奇異であることになります。概ね4行程度の文章を一つの段落にすることを目安として自らの思考を組み立てることで、わかりやすい文章と段落ができあがるでしょう。

　第二に必要となる国語力は、漢字の正確さです。感心と関心、照会と紹介、明記と銘記、特徴と特長、探求と探究、対象と対照と対称、追及と追求と追究、記者と汽車と貴社と帰社と喜捨、検証と懸賞と憲章と顕彰と健勝、

志向と指向と思考と嗜好と施行と試行と至高、など、日本語のなかの同音異義語は多いのです。同音異義語の意味の違いを理解する必要があります。同音異義語は、ワードで入力したときに間違えやすい表記でもあるので注意が必要です。ワードは文章の意味まで捉えて漢字を選択してくれるわけではありません。書き手である「あなた」が意味を選択し、確認する作業を積み重ねなければなりません。

　漢字の理解を進めるには、手で何回も書くという伝統的な学習法があります。ワードを使って学習したいのであれば、論文や教科書などをワードに写すことも有効でしょう。「これは良い日本文だ」と思う箇所をノートにとってパソコンに保管しておくことで、利用されている単語を記憶できます。文章を写してみると、それが案外と間違いの多い作業になることがわかります。たとえば、ウツす、という単語にも、写す、移す、映す、遷す、とあり、さらには、ウツの部分だけを取り出せば、鬱、打つ、撃つ、という単語もあるのですから、ワード入力をする際には注意が必要です。注意を重ねることで、様々な同音異義語を理解できるでしょう。経営学や会計学といった自分の専門に関する文章を写していくと、そこに頻出する単語を「あなた」のパソコンが覚えてくれるはずです。

　第三に求められる国語力は、誤字と誤植を避けることです。これは同音異義語による漢字のまちがいに限られるものではありません。たとえば、「そうした事実を確認しなければならないであろう」という文章を書くべきところを、「そうした事実を確認しなければならなであろう」と表記してしまう、といった類の間違いです。後者には「い」が入力されていないのですが、それを見落とした、といった間違いが誤植です。ひらがなの表記が長く続く場合、その一文字、一文字を確認する作業が必要になります。具体的な確認方法としては音読が一番確実でしょう。

　ひらがなの表記もおろそかにできませんが、カタカナの表記にも、多くの人が間違うものがあります。たとえば、「コンピューター・シミュレーション」と「コンピューター・シュミレーション」、「タックス・ヘイブン」と「タックス・ヘブン」のように、カタカナ表記での誤記がみられる場合があります。上記の例であれば、どちらも前者が正しい表記です。なぜ正しいか

と言えば、カタカナ表記のもとになっている英単語である simulation や haven のカタカナ表記が原音に近いからです。Haven（ヘイブン、逃避地）と Heaven（ヘブン、天国）では英単語のスペルが違います。「タックス・ヘイブン」が意味するのは「税金逃避地」であって「税金天国」ではありません。税金を逃れられる天国という意味での比喩が成り立ちそうなだけに注意が必要です。

　国語力を支える第四の重要な要因は、論理的思考能力です。与えられた課題に対して回答を明記しているか。その回答に至る理由は明確に説明できているか。説明に用いる用語は定義できているか。レポートの論旨に矛盾はないか。レポートのなかに利用するデータは、その回答を支持する内容となっているか。データが示す内容を過大に評価していないか。あるいは、データが示す内容を、自分の考えに引き寄せて強引に解釈していないか。得られた回答は何か。得られた回答に付け加えるべき留保は明記されているか。以上のような点が「あなた」の書くレポートの論理を構成します。

　日本語は主語を省略することの多い言語ですから、論理的な混乱が生まれないように記述する必要があります。つまり、二つ以上の主語が想定できるときに主語を省略することは誤解を招きます。たとえば、経常利益が黒字でありながら、税引前当期純利益が赤字となって当期純損失を計上している会社について分析していたとしましょう。レポートの作者は、この会社に足を運び、インタビューを行って、次のような文章をレポートの結論に書いたとしましょう。

「同社でのインタビューによれば、来期の利益見通しは前年比５パーセント増を見込んでいる、とのことである。」

　このようなレポートの文章は何を意味するでしょうか。これは、論理的には、黒字である経常利益が５パーセント増になる、という状態を意味しているものと理解されます。つまり、赤字である税引前当期純利益つまり純損失が５パーセント増になる、という状態を「見込んでいる」ということは考えにくいからです。経常利益を５パーセント増加させるという経営目標を立てることはよくあることかもしれません。しかし、この企業の経営を考えるうえで重要なのは、税引前当期純利益が赤字となっていることかもしれませ

ん。当該企業にインタビューをした、このレポートの作者は、インタビュー先の企業経営者が今後1年間かけて税引前当期純利益の赤字をどうするつもりなのか、について記述していないことになります。経常利益の見通しを結論部分に記述したことで、税引前当期純利益についての経営方針をインタビューした結果をまとめ損なったことになります。

口頭試問が必要なのは、こうした曖昧な記述について確認するためです。どちらとも解釈できる余地がある文章があるときに、その真意を学生に確かめて、適切な記述は何かを示唆する必要が生まれるのです。日本語力を高める方法には様々なものがありますが、教科書を音読したり、著名な論文を書き写したりする、といった作業をしてみることで、その作業の時間中に「良い日本語とは何か」を考えることができます。文章を書き写すことは単純作業にすぎませんが、その時間を確保することで文章について真剣に考える時間を持つことができます。

カット・アンド・ペーストと脚注

論文作成でのカット・アンド・ペーストとは、インターネット上で読むことのできる文章や図表をコピーして自らの論文に張り付けてしまうことを言います。論文で他の著者の文章を引用する場合、その出所が明示されていれば違法ではありません。出所が明示されていなければ、それは剽窃と呼ばれる犯罪行為になります。カット・アンド・ペーストによって論文を作成することは著作権を侵害する犯罪行為になるのです。

この点は英語論文を作成する場合でも同じですし、修士論文や博士論文でも同様です。修士論文の作成や博士論文の作成において、インターネットのサイトに掲載された英文をコピーして自分の論文に貼りつけてしまえば、研究倫理から外れた行為になってしまいます。こうした剽窃という犯罪事例は、インターネットで検索すれば、多数見つけることができるでしょう。また、各大学や大学院で剽窃を防止するための真剣な取り組みが行われていることを知ることもできます。

授業内のレポートでは教科書をまとめることが宿題となり、そのときには

脚注をつけずに内容について議論していく場合もありますから、そうした授業の宿題に答えるためのレポートと論文・リサーチ・ペーパーとの違いを理解していない学生がいるかもしれません。論文やリサーチ・ペーパーで他人の書いたものを引用するときには、脚注をつける必要があります。脚注によって、「あなた」の論文に記載された事実の出所が明らかになっている必要があります。数多くの学術論文を読んで、どのような脚注のつけ方が標準的であるかを学習する必要があります。論文を読むことによって、脚注のつけ方を学び、その重要性について理解するべきです。

修了要件の意味

　修士論文やリサーチ・ペーパーの作成は、社会人大学院となった「あなた」にとって最も重要な関門です。この作業を修了要件といいます。修了要件が重要なのは、特定の知識が身につく、といった皮相なものではありません。知識の記憶や解法の理解だけであれば、独学でもできるでしょう。大学院教育を受けて、指導教授や学友との議論をする必要もありません。

　修士論文やリサーチ・ペーパーの作成には、学習能力そのものを高める効果があります。小さな器にたくさんの果物を盛ろうとしてもこぼれ落ちてしまいますが、器そのものを大きくすることができれば、さまざまな果物を盛ることができるでしょう。修士論文やリサーチ・ペーパーを作成することで学習能力のキャパシティが大きくなれば、修士課程を修了したのちにも新たな知識を理解していくことができるようになるのです。修士論文やリサーチ・ペーパーの作成が、どのような意味で学習能力を高めるのか、次の点を確認してみましょう。

　「あなた」は、24,000字以上の文章を書いたことがありますか。400字詰の原稿用紙で60枚です。小学校や中学校での読書感想文、高校で書いた修学旅行のまとめなど、原稿用紙に何枚かの作文をしたことはあるかもしれません。しかし、その長さは400字詰め原稿用紙で10枚程度、つまり、4,000字程度ではなかったでしょうか。24,000字以上、つまり、400字詰め原稿用紙で60枚以上となると、論理構成が必要となってきます。大きな設計図を

描いてから文章にして書かなければならない分量になるのです。

「あなた」は20本の専門的な学術論文を読んだことがありますか。専門的な論文には、研究の課題があり、先行する研究のまとめがあり、そのまとめへの疑問があり、独自の調査と研究があります。それらの論文を理解する、ということは、研究手法についての理解を深め、専門用語を理解し、仮説を持って現象を理解する、という作業を行うことにほかなりません。修士論文やリサーチ・ペーパーを作成するためには、20本程度の専門的な学術論文を読み、理解する必要があります。

社会人大学院として修士課程に学ぶということは、修士号を獲得したのちに、大学生や大学卒業者に対して指導的な立場に立つということにほかなりません。大学生や大学卒業生に対して教える立場に立つことができるのは、修士論文の作成で身につけた学習能力があるからです。知識は、時間とともに古くなっていきます。自分が修士課程や博士課程で学んだことも、すぐに古びていきます。新たな研究成果が次々と現れる研究領域であれば、そのスピードは速いのです。

大学教授にとっても、自らの研究を更新していく研究更新能力が必要です。その研究更新能力は、大学教授が書く論文に現れます。社会人MBAを獲得しても同様です。社会人大学院生のみなさんは、大学院で身につけた学習能力によって、変化の激しいビジネスで自らのビジネスにかかわる仮説を常に新しく書き直していく必要があるのです。それは、多くの社会人大学院修了生が現実に行っていることでもあります。

編・部・章・節・項・小見出し・段落

24,000字以上の文章を書くための論理構成をどう計画すればよいのでしょうか。以下では、修士論文と一冊の学術研究書とを比較して説明しましょう。大学の図書館に行って研究書を一冊手にとってみて下さい。一冊の本には、その構成を示すまとまりがあります。誰にでもなじみぶかいのは「章」という単位でしょう。小学校や中学校では「段落」という単位も学んできたはずです。「章」や「段落」以外にも、思考のまとまりをしめす単位があり

ます。そうしたことを学ぶ機会は少ないので、ここで確認しておきましょう。

　一冊の本が8つの章からなっている、と言えば、一冊の本のなかの各章の重要なテーマが8つあることがわかります。「あなた」が手にとった本が何章から成り立っているか、確認して下さい。もしかすると、「あなた」は、かなり分厚い本を手にしているかもしれません。多数の章がある場合には、いくつかの章をまとめて「編」ないし「部」とする場合があります。たとえば、第1部第1章からはじまって、第4部第36章で終わっているような本もあります。その場合、いくつかの「章」に共通する大きなくくりとして4つの「部」がある、ということがわかります。つまり、章よりもおおきなくくりとして部があり、その本の体系を示すことになります。

　「編」を用いるのはやや古風なまとめ方といえるでしょう。「編」と「部」というのは「章」よりも大きな単位となるという意味で、双方にさして大きな違いはありませんが、しいて言えば、「編」のほうが「部」よりも大きな単位として用いられることが多いようです。つまり、大著になると、第2編第1部第3章といったくくりも存在します。また、逆に第2部第3編第1章のように、編と部の大きさが逆転しているケースもあるでしょう。

　修士論文は、こうした本の構成単位でいえば、ひとつの章に該当します。おおまかに言えば、修士論文と同じ分量の章が4つ以上集まって博士論文ができあがり、その博士論文は一冊の本になります。

　社会人大学院生が修士論文を書くときの典型的な誤りは、この点の無理解にあります。修士論文であるにもかかわらず、その「もくじ」が第1章、第2章、と構成されていることが多いのです。わずか数ページの記述を章として書くことはおかしなことなのですが、修士論文のなかを「章」によって構成する誤りを犯しているケースが多々あります。小説などで「章」という単位を目にすることが多いのに対して「節」や「項」については、あまり文字として表現されることがないことが原因かもしれません。「節」や「項」と記載せずに、数字の1、2、3、などと記載する例も多々あります。

　修士論文のなかの構成は、「節」を単位とします。洞口編著（2008）にも解説しましたが、論文は、第1節・課題の設定、第2節・先行研究のサーベ

イ、第3節・調査ないし理論分析、第4節・結論という4つの「節」から構成されます。また、それに付随するデータとして図表と参考文献リストがあります。論文とリサーチ・ペーパーは、こうした一つの型にしたがって作成されます。修士論文は1つの章に該当する定型であることを理解しなければなりません。一本の修士論文は、将来作成するであろう博士論文の一章として成立している、と考えるべきでしょう。修士論文が「章」の単位となるのです。

節のなかには項があり、その項のなかには段落があります。項の下に、さらにまとまりをつけたいときには、小見出しを入れることができます。したがって、修士論文は、節・項・小見出し・段落から成り立っています。もちろん、段落を構成するものは文章であり、文章には主語と述語があります。主語と述語は、名詞や代名詞、動詞や形容詞といった品詞から成り立ちます。以下では、論文の構成に即して研究成果の表現技術を説明しましょう[1]。

「はじめに」の意義

修士論文やリサーチ・ペーパーには、構成があります。「はじめに」ないし「序」と呼ばれる部分では、研究課題の設定を行います。アメリカの学術雑誌 *Academy of Management Journal* には面白いアドバイスがあります (Grant and Pollock, 2011)。その巻頭言によると、同誌に掲載を許可された論文は少なくとも10回は「はじめに」(introduction) の部分を書き直した、というのです。

修士課程の修了者には、いろいろな人がいます。「3週間でリサーチ・ペーパーを仕上げた」、とか、「1か月で修士論文を書きあげた」といった武勇伝を自慢している「あなた」の先輩たちには10回の書き直しを行う時間的余裕はなかったに違いありません。「1か月で修士論文を書きあげた」というのは自慢にはなりません。むしろ、研究のために十分な時間をかけた丁寧な

---

1 学部学生向けの論文の書き方については、洞口編著(2008) 第11章があります。

作業をしなかったということの表明にしかなりません。雑な仕事をした人だということの証明です。

　この文章を読む「あなた」には丁寧な作業をしてもらいたいと思います。丁寧な作業とは、何回も推敲(すいこう)を重ねる、ということです。一流の学術雑誌に掲載される論文というものは10回書き直すことがふつうのことであって、それ以下の回数の書き直しでは、一流の学術雑誌には掲載できないものだ、ということを理解してもらいたいと思います。

　修士論文の「はじめに」の部分では、これから研究結果を示そうとする研究課題を説明します。「あなた」がこれから成果を示そうとする研究は、どのような意味で重要であるのか、を説明しなければなりません。「あなた」の書いた修士論文が、なにかの意味で重要な研究を行い、発表するにたる研究結果を得たことを説明せねばなりません。それは、たとえば、推理小説において殺人事件の発生が説明される部分に似ています。あるいは、失踪事件かもしれません。その推理小説の冒頭には謎があるはずです。謎がなければストーリーは始まりません。謎がないのならば修士論文にまとめる研究をする必要はありません。何が謎なのかを、言葉で説明する必要があるのです。

　「あなた」が社会人として感じたビジネスへの疑問が、この謎の核心を占めているべきでしょう。「はじめに」で提示される謎は、論文の基本的な存在意義となります。こうした謎のことを、研究者の間ではリサーチ・クエスチョンと呼びます。リサーチ・クエスチョンは、「あなた」が社会人として携わってきた業務において感じた様々な疑問につながるものであるでしょう。会社のなかでスムーズに進まない業務について、その原因を追究したものとなっているべきでしょう。日々の業務で問題が生まれるのは「なぜなのか」という問いが根本にあるべきです[2]。

　よく誤解されている点なので書き加えておきますと、リサーチ・クエスチョンは、論文を書く前に明確になっているものではありません。ぼんやりとした問題意識に導かれて研究ははじまります。この問題意識をリサーチ・クエスチョンと呼ぶこともできますが、それは、まだ十分な形を示してはい

---

[2] 大木（2016）にはリサーチ・クエスチョンの立て方についての面白い解説があります。

ません。研究という作業を行って、なんらかの回答が得られたときにのみ、ぼんやりとした問題意識はリサーチ・クエスチョンに格上げされるのです。リサーチ・クエスチョンは、論文を作成する作業をするなかで、その作業結果が変化するごとに、毎回、少しずつ形を変えていきます。だからこそ、優れた学術雑誌に掲載される論文は、10回以上イントロダクションを書きかえることになるのです。

先行研究のサーベイ

　過去の研究と、「あなた」が進める研究との関連をまとめた文章のことを「先行研究のサーベイ」と呼びます。リサーチ・クエスチョンと過去に行われてきた学術的な研究との関連は、論文の筆者が説明しなければなりません。過去にどのような研究の蓄積があったかを調べて文章にまとめ、自分の研究との違いを説明しなければなりません。サーベイ（survey）というのは、アンケート調査をすることや景色を広く見渡すことを意味しますが、この場合であれば過去の研究状況を概観することを意味します。

　どのような研究をサーベイ（概観）するか。この点こそが「あなた」の知性を試す関門になります。何を、どこまで理解したかは、この文献サーベイで示されます。何を、という課題には、英語の論文を読解できているかどうかという課題が含まれます。英語論文を参考文献として引用しているのであれば、その内容について十分な理解をしていなければいけません。

　文献サーベイの水準が十分に高くなっていない例を紹介すると、次のようなものがあります。それは、教科書に紹介されている文献を、そのまま引き写したものです。「あなた」の問題関心は、いままでに多数の研究が行われていなかった特殊な問題に取り組むものであるはずですから、ありきたりの説明がそのまま当てはまることはないはずなのです。それにもかかわらず教科書と同じ文献を引用しているのでは、新たな研究上の貢献は望めないことになります。

　特殊な問題であるから先行する研究が少ない、したがって、サーベイすべき論文がない、と断じてしまうことも危険です。たとえば、「信州みそをつ

かったデザートの開発と収益性予測」をリサーチ・ペーパーのタイトルにしたときに、「信州みそ」と「デザート」というキーワードで探すことのできる論文は多くはないかもしれません。日本に固有な「信州みそ」を研究テーマにしているのですから、英語論文も少ないに違いありません。しかし、新製品開発における顧客ターゲットの設定方法やデザートの広告宣伝方法といったマーケティング手法に引き寄せた論文であれば、多数見つかることでしょう。そうしたマーケティング関係の論文で、どのような質問紙を用いたアンケート調査が行われてきたかを調べることで「あなた」の研究の参考になることでしょう。つまり、特殊な研究テーマの深層にある普遍的な論点を探りあてれば、重要な先行研究が見つかるはずです。

　良い文献サーベイには、いくつかの特徴があります。

　第一は、先行する研究によって自らの研究課題を説明していることです。つまり、「あなた」の研究課題が、従来、十分に説明されておらず、謎として残っていることを過去に行われてきた先行研究によって示すことです。それは、「あなた」が主観的に謎だと思っているというだけではなく、過去に何人かの論者が真剣に議論したのちにも依然として謎として残されている、ということの証拠となりえます。良い文献サーベイは面白い論争の存在を確認していくものです。多くの学者を引き入れて百家争鳴となったのちに、対立する２つの見方が存在しているのであれば、そこには研究の余地があります。たとえば、邪馬台国がどこにあったのか、といった論争は面白い論争の例でしょう。

　第二は、とりわけ経営学においては重要な点ですが、謎として残されている未解決の問題が、わたくしたちの将来にとって重要であることを解説しなければなりません。未解決問題の重要性が、先行する研究のなかに示されていることをまとめ、それらを重ね合わせて確認する作業が文献サーベイなのです。かりに学術的な論争が存在していたとしても、それが将来の役に立たないのであれば、経営学的にはあまり面白いとは言えません。

　昔、日本の経済学者たちの間には「日本資本主義論争」という大きな論争がありました[3]。これは明治維新がブルジョワ革命なのか、そうではなく中途半端な「半革命」なのか、という論争でした。明治維新がブルジョワ革命

であったとすれば、次に革命をおこそうとする人たちはブルジョワ革命の段階の次の段階を目指して社会主義革命を起こすでしょうし、ブルジョワ革命に至らない中途半端な「半革命」であったとすれば、まずはブルジョワ革命を起こして、それを完成させなければ次の政治的な段階にはつながらないことになります。

　こうした論争は、1917年にロシア革命が起こったことで、日本の政治・経済体制を考察する経済学者たちの真剣な討論の対象となったのです。しかし、その後、1991年にソビエト社会主義連邦共和国が崩壊して再びロシアになったことで、そもそも社会主義革命を起こす必要があるのか、という疑問を抱いてきた人たちの考え方が主流となったのです。つまり、明治維新がブルジョワ革命だったのか、そうではないのかという論争そのものが日本の将来を考えるうえで無意味なものになってしまったのです。「日本資本主義論争」は、人類の未来に対して貢献する研究をしたい、と考える科学的な発想からは魅力のない論争になってしまったのです。

　良い文献サーベイの第三の特徴は、理論とのつながりが示されていることです。論争の背後には「ものの見方」としての理論があります。すでに第5章で理論とは何かについて説明しましたが、ある理論が正しいかどうかを複数の研究者が検討していると異なる解釈が生まれ、論争が生まれます。第7章で説明したように、仮説の操作可能性を高めるために独自の命題を設定してデータを集め、分析を行った結果から複数の解釈が生まれる場合があります。複数の異なる解釈がなぜ生まれ、どこが決定的に違うのか。その点をチェックするために、第6章で説明したロジカル・シンキングを応用します。三段論法のように組み立てられたロジックに穴はないのか、をチェックする必要が生まれます。

　このように先行研究をまとめる作業には、それなりの文章の量が必要となります。いくつかの論文を読んでまとめる作業を続けていけば、短い論文を書くことの方が長い論文を書くよりも難しく感じられるはずです。要するに、丁寧な仕事をすることで論理を明晰に述べていく、ということが大切で

　3　楫西・加藤・大島・大内（1954）第2章、参照。

す。もちろん、論文は長ければ良いというものではありません。修士論文に文字制限を設けることは稀ですが、学術雑誌には明確な文字制限があります。その典型的な文字制限が24,000字なのです。

論文のタイトル

　論文のタイトルは、分析の対象となる現実の課題と、その分析を成立させる理論との組み合わせで構成されます。つまり、現象を眺める理論的なレンズと、そのレンズを通してみた現実の呼び名を合わせたものとなっているはずです。本書第3章で述べた点ですが、数多くの論文を集めたら、そのタイトルのつけ方を比較検討して下さい。良い論文のタイトルと稚拙な論文タイトルがあることがわかるはずです。

　理論研究と実証研究とは何かについては第5章で説明しました。理論を前提とした仮説の導き方については第7章で説明しました。論文の第3節を構成することになる研究内容に関する部分については、これらの章を再度読んでください。いままでに述べてきたことをまとめれば、論文とは、①課題の設定を行い、②先行研究のサーベイを行い、③仮説を導出したのちに理論研究ないし実証研究を進めていく、というプロセスを辿ることになります。④結論は、それらをまとめます。この4段階の内容を統合的に指し示すものがタイトルです。したがって、論文のタイトルが最終的に決まるのは、論文が完成した後です。それまでは、仮のタイトルによって作業をすることになります。

　よくある間違いは、「人事査定についての一考察」とといったタイトルのつけ方です。こうしたタイトルでは、どのような現象を分析したのか、明確になっていません。いつから、いつまでを分析したのか、どのような産業についての人事査定なのか、などの基礎的な情報がタイトルに埋め込まれていません。「一考察」という表現ではどのような研究上の作業を行ったのかも不明です。

論文のなかの「結論」

結論で書くべきことは大きく3つあります。

第1は、③ にある理論研究ないし実証研究の結果をまとめることです。論文のなかで設定した仮説は支持されたのか、あるいは、棄却されたのか、を明確に書く必要があります。また、研究の当初は想定しなかった「思わざる発見」があったのかどうかを報告することも大切です。仮説によって導かれた調査が、いままでまったく想定しなかった新たな事実発見につながる、ということもよくあることです。

第2は、上記のまとめの部分が、どのような含意（implication）を持つかを解釈することです。英語論文では、その部分を discussion と呼びます。研究結果として示された内容から、どのような示唆を得ることができるかを自分の言葉で説明する必要があります。論文を書く立場に立ったときに重要な心構えは、論文の読者が、論文筆者の理解していることを十分に理解しているわけではない、という点です。「ここまで書いてきた論文の内容を読めば、この論文の重要性は十分わかるはずだ」といった考え方は厳禁です。その「重要性」というのは何なのか、「あなた」の言葉でわかりやすく説明する必要があります。その説明が明快であることによって、読者は論文筆者の主張を明確に理解することができるのです。それは従来の学説に対する部分否定かもしれませんし、従来未解決のままになっていた論争を解決に導くものかもしれません。

論文の結論部分に書くべき第3の内容は、研究の限界（limitations）と将来の課題を示すことです。優れた研究は一つの科学的な貢献をしているものです。論文とは、その学問的貢献を文章にして公表するためのものであり、それを英語では net contribution（有意義な学問的貢献）と呼びます。しかし、同時に一つの研究報告は、たくさんの限界を抱えています。一つの貢献があれば研究としての意義があり、論文として発表する意義があります。そのときに同時に抱えている限界について、筆者である「あなた」が明言しておくことによって、筆者自身の将来に向けての研究課題が示されることにな

ります。

　この作業は、査読付きの学術雑誌に論文を発表するときに特に重要になります。査読を行うレフェリーから論文の限界を指摘されて、学術雑誌への掲載を拒否されることがないように、論文の執筆者が自ら論文の限界と将来の課題を示しておくことで、論文の相対的な評価が可能となります。修士論文の作成において「あなた」の理解が不足している点は、指導教授との議論のなかで明確になっていくことでしょう。そうした知的な爽快さを味わうことができるのが大学院教育の魅力です。

図表

　文章をまるごとコピーしてしまえば剽窃となり、その論文は学問的な成果とはみなされません。文章を引用すれば脚注が必要です。図表の場合には、どうでしょうか。図表を引用する場合にも、脚注をつければ論文内で紹介することが可能です。脚注をつけて引用することが可能であるとはいえ、図表をまるごとコピーして論文を作成することは、あまり勧められる作業ではありません。出所がついていれば剽窃にはなりませんが、「別の文献にある図表をまるごとコピーして作成した論文に、どのような意味でオリジナリティがあるのか」、と尋ねられれば答えに窮することになるでしょう。

　オリジナリティのある図表とはどのような意味でしょうか。それは自分で集めたデータをまとめた図表です。自分で集めたデータの意義を説明するために従来のデータを紹介したい場合があるとしましょう。そうした場合のひとつの方法は、論文のなかに図表を入れるときには、2つ以上のデータを織り込んで、自分独自の図表を作成することです。Aという表とBという表の出所を記載しつつ、両者から一つの図を作成して自分の論文に掲載するのです。AとBとが同じ分類のデータであれば、Aの値とBの値を並べることで継時的な変化をみることができます。

　インタビュー調査のまとめを表にすることも大切です。インタビュー調査の結果は、リサーチ・クエスチョンに答えを与える形でまとめることが理想です。社会人大学院生のよくある間違いは、インタビューを行った日時の順

番に結果をまとめる、という作業を行うことです。インタビューは定性的調査を行うための作業なのですから、質の同じものをまとめて報告するべきです。成功事例と失敗事例の比較、組織改革の事例に関する社員からのインタビューなど、分析の軸となる視点から分類してまとめることが大切です。

参考文献

　参考文献には、「あなた」が読んで、理解した文献を掲載するべきです。たくさんの参考文献をコピーしたのだから、なるべくたくさんの参考文献を自分の修士論文ないしリサーチ・ペーパーに載せて、勉強したことを示したい、と思うのは人情です。しかし、その結果は無残なものになります。つまり、自分で書いた論文の参考文献を自分が理解していない、ということが修士論文の口頭試問で露呈する状態になってしまうのです。

　わかったふり、をしてはいけません。これは、論文の本文をカット・アンド・ペーストで埋めてしまう人と同根の病です。プライドだけが高く理解力の低い人には、たくさんの危険な誘惑が待っています。コンピューターで統計パッケージ・プログラムを使い、データを入力してその出力結果を論文に載せ、実のところどのような数学的な構造で統計パッケージが作成されているのか、明確には説明できない、という人たちもいます。行列も確率分布関数も知らないが統計パッケージを動かすことだけはでき、論文を書いてしまうのです。こうした人たちは皆、同根の病を抱えているのです。

　すべての研究には基本書と呼ばれる研究書があります。広く、長く読み続けられており、研究者が批判するにせよ、継承するにせよ、参考にすべき本です。こうした一冊の本を読みとおすには、2か月や3か月はかかるでしょう。すると2年間で10冊程度読むことができれば限界に達してしまいます。重要なのは参考文献の数ではありません。基本の重要さを理解し、それを自分の言葉でまとめなおす能力が評価されるのです。知識欲を管理し、時間を確保し、その時間で最大限の理解を積み重ねていく必要があります。

　読破した基本書について自分の言葉でまとめなおす作業は重要です。自分が、その「まとめなおし」の作業においてどの程度優れているのかは、自分

の学友と比較することで明確になります。ピア・レビューと呼ばれる仲間内での相互比較は、そうした意味で有効です。しかし、恥をかくことを恐れている人は、ピア・レビューの相手を探すことも難しいでしょう。「あなた」は、そうなってはいけないのです。相互に批判できる仲間を見つけてください。

〈社会人大学院生のよく犯す間違い〉
① 誤字や脱字があっても、内容が良ければ高い評価を得られると思っている。日本語文章力が低ければ内容を説明できていないことを理解できていない。
② 段落の持つ意義を理解していない。意味もなく「章」をおきたがる。節・項・小見出し・段落・文章のそれぞれの役割を理解していない。
③ 自分が書こうとする論文やリサーチ・ペーパーの構成が、ある種の定型になるべきことを理解していない。
④ 参考文献リストにある『　』と「　」の違いを認識できない。半角と全角の違い、コンマと読点の違いを正確に表記しようと思っていない。

〈研究効率を高める学び方〉
① 誤字や脱字はゼロを目指しましょう。何回も読み直し、何回も書き直しましょう。そのプロセスが楽しくなると、しめたものです。
② ひとつの段落には一つのことを書きます。どのような「ひとつ」にするべきかを考えて書きましょう。自分の思考を4行の文章にまとめ、それを一つの段落として記述しましょう。段落の開始では1文字下げます。
③ 課題の設定、先行研究のサーベイ、調査ないし理論構築、結論、という論文の基本構成を理解しましょう。「あなた」の作成する論文やリサーチ・ペーパーの読み手は専門家です。「○○○○とは」といった教科書調の解説を本文に入れる必要はありません。用語の定義や解説は脚注に入れましょう。
④ ひとつひとつの文字を読みましょう。『　』は書籍のタイトルや学術雑誌のタイトルのときに使います。「　」は論文のタイトルに使います。読点「、」や句点「。」も日本語の文字です。コンマ「,」やコロン「:」は英語に用います。日本語表記でコンマに対応するのは読点であり、コロンに対応するのはハイフンです。つまり、サブタイトルはハイフンで示します。本書の参考文献リストを参照してください。

第9章　英語学習で遊ぶ

〈キーワード〉
音読、リンキング（linking）、リエゾン（liason）、アシミレーション（assimilation）、エリジョン（elision）、オブジェクト・ベースド・ラーニング

選択肢の問題

　社会人大学院生のなかには、かなり高い英語力を有する方たちがいます。海外勤務経験を持つ社会人大学院生や、すでに海外の大学院で修士号を獲得している社会人大学院生なども多く、きれいな英語を喋る社会人大学院生は多いのです。

　英語力を手に入れるには、海外留学するのが効果的です。筆者である私も学部学生時代に大学の派遣留学制度で一年間イギリスに留学できたことで、英語の基礎力を身に着けたと思います。そのおかげで、実用英語検定1級にも学部在学中に合格できました。その後、大学の研究者となってからはアメリカ政府のフルブライト奨学金を得て2年間ハーバード大学経済学部の客員研究員にもなりました。日本に帰国後はフルブライト奨学金の選考委員も務めてきました。

　筆者である私（洞口）の専門は国際経営論（international business）であり、国際的に活動する企業に出向いて英語でインタビューし、工場内で英語による取材をして、その内容を文書資料や統計数値にまとめ、国際的な学会で発表し、英語の学術論文を公表[1]することが仕事です。英語でのコミュニケーションは仕事の一部です。たとえば、トルコのイスタンブールやインド

---

[1] *Journal of International Business Studies, Economics Letters, Computational Economics, Journal of Economic Integration, Triple Helix* といった学術雑誌に論文を掲載してきました。

のバンガロール、アラブ首長国連邦のドバイで開催された Academy of International Business の年次国際大会や、アメリカのアトランタで開催された Strategic Management Society の国際学会で研究報告を行ってきました。

　海外の研究者たちは、私の発表した英語の論文や書籍を引用して新たな論文を発表しています。大学の外部評価と呼ばれる研究能力評価制度のために 2016 年度の資料を作成したことがありますが、第 4 章で紹介した Google Scholar Citations で検索すると、2016 年度にはポーランド、ポルトガル、インド、アメリカ、オーストラリア、南アフリカ共和国、韓国、日本、イギリス、ノルウェー、ニュージーランド、イタリア、ルーマニア、合計 13 ヵ国の大学に所属する研究者が Horaguchi の英語論文や英語著作を引用して論文・著作を発表していることがわかりました[2]。こうした国際的なつながりができるのも、英語を読み・書き・話し・聞き取る、という基礎的な能力を大学時代に身につけることができたからです。

　日本の社会人大学院にも 1 年間の派遣留学の制度を整えている大学院があります。しかし、海外留学をするには仕事を辞めねばなりませんから、その選択をすることができない社会人大学院生は多いでしょう。「あなた」は、そもそも仕事と学業を両立させるために夜間の社会人大学院を選択したのでしょうから、日本にいながら英語力が高まることが理想です。

　楽天やユニクロなど、社内公用語として英語を用いる会社もあります。会社の同僚が帰国子女であったり、父親がアメリカ人であるハーフの同僚を持つ人もいるでしょう。イヤホーンをつけて英語教材を手放さずに学習をしている同僚や、会社の雇った英語講師による研修にいそいそと出かけていく同僚を横目で見ながら残業をこなし、社会人大学院生として英語を勉強しなおしたいと思う人も多いことでしょう。ここから先は、そうした英語学習に熱心な社会人大学院生のための勉強のコツをまとめておきます。

2　たとえば、筆者の英語著書 (Horaguchi, 2014) を引用した論文としてファヨウミ (Fayoumi, 2016) およびボリサニ＝ブラティアヌ (Bolisani and Bratianu, 2017) があります。両者ともに著名な学術雑誌に論文を掲載しています。

音読の効用

英語が大切であることは、誰しも理解していることでしょう。とはいえ、大学入試で英語を勉強し、大学の一般教養課程での英語の授業を受けて以来、英語を聞くことも、喋ることも、読むことも、書くことも、積極的には行ってこなかった人も多いでしょう。

英語学習のモチベーションを上げるには、日本語で書かれた英語学習の評論などを読むことをお勧めします。マーク・ピーターセン『日本人の英語』（岩波新書、1988 年）は、そうした意味での名著です。英会話では、「間違っても良いから、たくさん喋りましょう」と言われますが、同書では日本人の犯す英語の誤りが説明されています。英会話学校に通って英語の自己紹介はできるけれども、さらに中身のある英語を喋りたいという人に向けて最適な本だと思います。あるいは、もっと積極的に捉えれば、我々日本人が英語を喋るときには、必ず間違いを犯しているものであって、そのことを認識したうえでなお一層、英語を喋り、書き、読み、聞くという努力を続けるべきだということなのです。外国語を学習するときには、間違いを犯し、恥をかく覚悟を固めるべきなのです。

ピーターセンの『日本人の英語』を読むときには、ぜひ、英語部分を音読して下さい。精選された英文が並んでいます。日本人の犯しやすい間違いも紹介されています。英語で会話をする相手を見つけるには、それなりの時間と努力を必要とします。それに比較して、音読することは時間と場所を選びません。大声で音読する必要はないのです。自分の唇と舌がどう動いているかを確認できれば良いのです。音読が綺麗になれば、自分の耳も良くなり、英語のリスニング能力もあがります。

英語の音読には英語独自の方法があります。日本語の発音やローマ字読みでは、何回音読しても英語は上手にはなりません。英語は、英単語の示すスペリングのとおりには発音されていないのです。様々な語学の発音法則を調べる音声学という学問があり、英語についても、そのルールが説明されています。残念ながら、私たちが中学校や高校で習った英語では、そうしたルー

ルの一部しか教えられてきませんでした。

　発音の法則にはリンキング（リエゾン）、アシミレーション、エリジョンと呼ばれる三つの法則があります。Roach（2009）に依拠しながら、以下で説明していきましょう。

エリジョン（elision）

　第1の英語発音ルールはエリジョン（elision）といいます。母音や音節の省略という意味の単語です。これは中学生でも学びます。I have（アイハブ）ではなくI've（アイブ）と発音するのがエリジョンのルールです。したがってI have been toではなくI've been toと発音するほうが自然です。It is（イット・イズ）ではなくIt's（イッツ）と発音することも中学生で学びます。I'd（アイド）と聞こえたら、I wouldとI hadの2通りの可能性があるというのも受験勉強で学んだかもしれません。こうしたルールは、エリジョンという単語を知らなくとも、もう「あなた」の身についているかもしれません。

　課題となるのは、このエリジョン（elision）のルールが、かなりの範囲の単語に現れる、ということです。importantという単語は中学生で学びます。「重要」という意味ですが、インポータントと「ト」の音を発音する形で記憶している人が多いでしょう。実は、この単語末の子音は聞こえないことが多いのです。カタカナで表記すれば「インポータン」としか聞こえないのです。さらに、最初のtも強く発音されずに、「インポーン」としか聞こえない場合も多いのです。ネイティブの人が「インポーン」と喋っているのですから、私たち日本人もそれを真似すればよいのですが、頭のなかにスペリングが刻みこまれている「日本人のオトナ」の場合には、頑固にインポータントと発音しないと気持ちが悪いという状態になっているようです。それではリスニングが上達しないのも当然と言えるでしょう。

　andやbutといった基本単語も、最後の子音が発音されない場合があります。アンドやバットではなく、「アン」や「バッ」と発音しますから、その音しか聞こえないのです。goodも、グッドではなく「グッ」ないしは

「グー」としか聞こえないのが普通なのです。ネイティブだから、そのように発音する、と説明してしまっても良いのですが、そこに一定のルールがあることを理解することで応用力が身につきます。「グー」がgoodの意味で日本人に定着しているのは、エリジョン（elision）の理解のためには一歩前進と言えるでしょう。

単語末の子音の発音が省略される、あるいは、聞こえない程度の音の大きさになる、というエリジョン（elision）のルールを覚えておくとspeakingとかwritingのように-ingで終わる単語についても、スピーキングとかライティングと発音するのではなく、「スピーキン」や「ライティン」としか聞こえないのが普通であり、その普通のことが自然に感じられることが望ましいのだ、ということが理解できるでしょう。

英単語のスペルを一文字一文字を発音するのではないことを理解して下さい。日本語でも、「これより列車、発車いたします」と駅のホームで言っていることが理解できるのですが、よく聞いてみると「これより列車、発車いたしまぁ」までしか聞こえていないことがあるものです。通勤のホームで注意して聞いてみてください。

リンキング（linking）

第2の発音ルールは、リンキング（linking）です。これはフランス語の発音ルールであるリエゾン（liason）と同じであり、かつ、liasonという単語が外来語として英単語にもなっています。つまり、リンキング（linking）のことをリエゾン（liason）と呼んでも良いのです。リエゾン（liason）は、フランス語を学んだ人にはおなじみのルールでしょう。

英文で例を示しましょう。たとえば、

She unexpectedly ran across an old dog the other day.

という文章があったとしましょう。まず、「あなた」自身でこの文章を音読してみて下さい。この文章をネイティブの人が読んだとすれば、an old dogをアン・オールド・ドッグとは読みません。「アン・ノールドッ」と聞こえるのがふつうです。oldのdやDogのgがほぼ聞こえないのはエリジョン

（elision）のルールによるものです。

　リンキング（linking）のルールとは、単語が子音で終わっており、その次に続く単語が母音で始まっているときには、その二つの子音と母音とで音ができる、というルールです。an old dog の場合であれば、an は n で終わり、old は o ではじまっていますから、n＋o で「ノ」という音が出てくる、というのがリンキング（linking）のルールです。

　このルールをあてはめると、

She unexpectedly ran across an old dog the other day.

という文章のなかに、2か所、リンキング（linking）の発生する箇所があることがわかるはずです。それは、アンダーラインを引いた ran across の箇所です。n と a とがリンキング（linking）しますから、ラン・アクロス、ではなく、「ラン・ナクロス」のように聞こえるはずです。

　理屈で考えるとおかしい、と思う人もいるかもしれません。ran（ラン）で一回 n を発音し、アクロス（across）ではなく、（ナクロス）nacross のように n の音が聞こえるとすれば、n を 2 回発音していることになるではないか、という疑問です。その指摘こそが、リンキング（linking）の本質を示しています。

　原稿用紙のなかにひらがなと漢字を一文字ずつ埋め込むようにして書き、それを一文字ずつ読むという日本語の読み書きに慣れた私たち日本人からすれば、英語のリンキング（linking）やフランス語のリエゾン（liason）のルールは馴染みが薄いものでしょう。フランス語ではリエゾン（liason）のルールが何回も重要な発音ルールとして教えられるのに対して、英語ではあまり強調されることがなく、「習うより慣れろ」という程度のほったらかしにした教育方法がいまだに定着しているのが問題なのかもしれません。

　リンキング（linking）のルールは、エリジョン（elision）のルールとからみあって、さらに二つのパターンをつくることになります。

　まず、リンキング（linking）のルールは、エリジョン（elision）のルールによって捨てられてしまった子音の発音を復活させます。ビートルズの名曲に And I love her というタイトルの曲があります。この場合であればアンド・アイ・ラブ・ハーとは発音せずに、「アンダイ・ラブ・ハー」となりま

す。AndのdとIとが結びついて、ダイという音が出てきます。つまり、エリジョン（elision）によって単語末の子音が発音されなかったとしても、その次に母音ではじまる単語がくれば、その子音と母音とが一緒になって新たな音をつくるのです。これは、dがエリジョン（elision）されて、Andがアンとしか聞こえない場合であっても、dの音の位置に舌がついている、ということを意味しています。

　リンキング（linking）とエリジョン（elision）のルールが重なりあう第二のパターンも重要です。And I love herを「アンダイ・ラブ・ハー」と発音することは上記に示しましたが、それと併存して、「アンナイ・ラブ・ハー」と発音する場合もあるのです。この場合には、エリジョン（elision）によってAndという単語末の子音であるdを発音しないまま、An＋Iというリンキング（linking）が発生して「アンナイ・ラブ・ハー」と発音されます。

　この第二のパターンがどのような場合に発生するか、ということを確実に言うことは難しいように思います。アンダイという人と、アンナイという人がいます。それを聞きわけていきながら、同じ意味なのだと理解して自分もマネをしていくしかないように思います。

アシミレーション（assimilation）

　第三の発音ルールはアシミレーション（assimilation）です。これは同化と訳されます。音のつながりによって異なる音が生まれることを指します。最も簡単な例はThank you.でしょう。これをサンク・ユーと発音する人はいません。誰もがサンキューと発音します。これがアシミレーションの例です。

　そのほかには、I got you.といった文例があります。この文の意味は、「わかったよ」といったニュアンスの軽い返事ですが、アイ・ゴット・ユゥとは発音しません。正しい発音に近いものをカタカナ表記するならば、それは、アイ・ゴッチュとなります。単語が子音で終わり、その次に母音ではじまる場合にはリンキング（linking）のルールが適用されるのでした。それに対して、この文章でのアシミレーション（assimilation）は、子音のtと子音のy

が並ぶためにチュという音に変化します。

　このルールを適用すれば、I met you.をアイ・メッチュ、I need you.をアイ・ニージュと発音することがわかると思います。Can't you do it.はキャンチュ・ドゥイになります。大切なのは、そのようにネイティブの人から話しかけられたときに、聞き取れるかどうかです。聞き取るためには、そう話す練習をするべきなのです。

ＴのＬ化

　アシミレーション（assimilation）の場合に限らず、音が聞こえてきたら、その通りに発音するのは語学上達の必須条件です。その意味で、party peopleをパーリーピーポーと発音している若い人たちは、耳に聞こえてくる英語に忠実であって、正しいことをしていると言えるでしょう。英語を喋ることのできない日本人に限って、そうした正しい発音をバカにする傾向にあるのです。美しい発音に近いのは、パーリーピーポーの方なのです。

　アメリカ英語でよくあることですが、letterをレターではなくレラー、waterをウォーターではなくワラー、と発音する人は多いのです。これはtの発音をするときの舌の位置が、lの発音をするときと同じ位置にくることから生まれるといって良いでしょう。Letterという単語を発音すると、最初のlのときの舌の位置と、ttを発音するときの舌の位置が同じ場所にあることに気づくでしょう。I sent a letter to her.という文章は、アイセンタレラトゥハ、と発音されることになります。

　英語のリスニングを上達させるためには、英単語のスペリングを読む、という思考を捨てなければなりません。そもそもレラーとか、ワラーとしか発音していないのですから、letterというスペリングをアルファベットに忠実にレターと読んだ場合とは、まったく異なる音になっていることを知っていなければなりません。

　Waterについてはウォーターとゆっくり発音するネイティブ・スピーカーと、ワラと発音するネイティブ・スピーカーがいますから、その音の幅について受け入れる準備がないといけません。日本語でも「無くなってしま

いました」と言う場合と、「無くなっちゃいました」という場合があります
が、日本語のネイティブ・スピーカーである我々は、その双方を同じ意味と
して自然に理解できます。それと同じことでしょう。

ローマ字読みからの脱却

　英単語のローマ字読みから抜け出るには、たくさんの英語を聞くことだと
思います。aiueo という母音はローマ字読みではアイウエオですが、そのよ
うに英単語の母音を発音するとは限りません。英語で母音を読む場合の基本
は、それらの英単語としての読み方だと思ったほうが良いでしょう。つま
り、a はエイ、e はイー、i はアイ、o はオウ、u はユーと発音するほうが基
本なのだと理解したほうが英語の発音を良くするのです。
　次のような英単語を思い出して下さい。hate（嫌う）はハテではありませ
ん。ヘイトです。a はエイと発音します。Eli（男子の名前）はエリではなく
イーライ、hide（隠す）はヒデではなくハイド、token（しるし）はトケン
ではなくトウクン、huge（巨大な）はフゲではなくヒュージというカタカ
ナ表記に近い発音が正しい読み方です。しかし、hate をハテ、hide をヒデ、
huge をフゲと読んでしまうような間違いは、意外と多いものです。ローマ
字読みが災いしていると言えるでしょう。たとえば、alternative（代替案）
という単語の読み方は、アルターナティブではなくオルターナティブです。
「すべての」という意味の all は、アルではなくオールと読むのですから、
alternative もオルターナティブと読むことが自然でしょう。アルターナ
ティブと読みたくなるのは、ローマ字読みの悪影響と言ってよいでしょう。
　英単語のなかには、ローマ字のように a をア、e をエ、i をイと発音する
ケースもあります。hat（帽子）、end（終わり）、hid（hide の過去形）など
は、ハット、エンド、ヒッドというカタカナ表記に近い音で読みますから
ローマ字読みに近い発音になります。例外もありますが、簡単なルールとし
ては、母音の上にアクセントがあるとローマ字読みに近い発音になるようで
す。

好きな俳優を探す

　発音に注意することは、英語習得にとっては些細な問題であり、小さな違いにこだわって時間を浪費しているように思われるかもしれません。しかし、基礎は大切です。エリジョン（elision）、リンキング（linking）、アシミレーション（assimilation）に「TのL化」という発音のルールを身につけるには、ネイティブの発音を注意して聞き、どの単語でこれらのルールが適用されているかをチェックしていくことです。チェックできたら、その部分を真似してみるのがよいでしょう。

　YouTube には、アメリカやイギリスの有名大学院教授の授業もたくさんアップロードされています。イエール大学（Yale University）では有名教授の講義を YouTube にアップロードしています。英語で何を喋っているのか聞き取りにくいときには、画面右下にあるクローズド・キャプションのマークをクリックすると、英語でのセリフが文字になって出てきます。必ずしも正しい聞き取り結果が表示されているとは限らないのですが、だいたいのセリフは確認することができるでしょう。

　有名大学院教授たちの喋る英語は、早口であったり、訛りがあったり、専門用語が頻出したりしていて難しいかもしれませんし、なにより自分に関心のない専門領域の話を聞くのは苦痛かもしれません。美しい英語を喋る練習をするのであれば、自分の好きな俳優、きれいな英語を喋って聞き取りやすい俳優の英語を聞いてみると良いでしょう。聞こえる通りに喋ってみることは大切です。

ボキャブラリー数の推定

　電子辞書やスマホでアクセスできる辞書には、様々な機能がついています。それらを活用することは大切で、とりわけ発音を良くするには、音声機能を使ってアクセントの位置を確認することが大切でしょう。

　「あなた」は、紙の英和辞書も一冊は持っているでしょうか。紙の辞書を

使って確認してもらいたいことがあります。それは、「あなた」の記憶している英単語の数を推定することです。英語が上達しない理由の第一は、ボキャブラリーが少ないことです。英単語を知らないのですから、リスニングをして音として聞こえていたとしても意味がわからないのです。新聞を読んでいてもわからない単語ごとに辞書を引いていたのでは、文章がブツ切りになってしまうでしょう。英単語を頭のなかに記憶しておくと、喋るのにも、読むのにも便利です。Googleの電子翻訳機能も優れていますが、自分の体から意味のある言葉が発せられて、コミュニケーションができるのは何よりも楽しい体験です。

　紙の辞書を準備して下さい。その辞書の「まえがき」か、後ろの解説には、単語についている星印の意味が記載されているはずです。私の手元にある辞書には、＊＊と二つの星印がついているのは中学校基本単語2,261語、＊と一つの星印がついているのは高校基本単語6,639語といった解説がついています[3]。辞書を編集した言語学者たちの努力には敬服します。このデータは重要なものなのです。

　日本人の英語学習者が、仕事で英語を使うときに最低限必要な英単語の数はこの＊＊星と＊星のついている単語、約1万語であることがわかります。大学受験でよく売れている英語の単語集を見てみると1700単語とか、2500単語といった水準で英単語が記載されているものが売れているようです。仮に、中学校で学ぶべき2600単語をすべて覚えているとすれば、それに1700から2600を足した数、つまり4000から5000単語くらいを覚えていれば大学には合格できることになります。大学受験での合格最低点の比率が65パーセントくらいであったとすれば、もっと少ない単語数で大学生になっているかもしれません。もちろん、高校から大学に推薦で合格した、といった人たちの場合、中間試験と期末試験が終わるごとに、その範囲で学んだ英単語を忘れてしまい、もっと少ないボキャブラリーのまま大学に入学しているというケースもあるでしょう。

　いずれにしても約1万の単語を覚えなければ仕事の役にはたちません。し

3　岩崎民平・小稲義男監修（1979）、「この辞書の使い方」9ページ。

かし、ふつうの大学生が記憶している英単語の数は星印のついた英単語約1万のうち4000〜5000程度と推測できます。したがって、仕事で必要な英単語1万語を記憶するためには、大学在学中に約6000の単語を新たに覚えなければならないのです。1年間に1500の単語を覚え、それを4年間継続して6000という数に到達します。1年間に300日稼動するとして、毎日5つの単語を新たに覚える必要があります。

　現在の「あなた」がいくつの単語を覚えているか。その推定方法は簡単です。紙の辞書のなかからランダムに50ページくらいをチェックして、覚えている単語には赤い鉛筆でチェックしてみて下さい。うろ覚えでかまいませんから、何かひっかかる意味があれば、知っているものと考えてよいでしょう。その50ページに記載された赤鉛筆でマークされた単語の数を集計してみて下さい。その後、今、利用している紙の辞書のなかでAからZまでの単語の意味が記載されている総ページ数から計算できる倍率を掛ければ、「あなた」が知っている単語の数を推定することができます。

　このように単語数を推定して、記憶した単語数が1万を超えていた「あなた」は、社会人大学院生として、さらにその上を目指さねばなりません。様々な推計方法があるために明確な答えはでていないようですが、アメリカ人として生まれてアメリカで暮らしてきた大学生の平均的な単語力は、-ingとか-edなどの派生語を除いて2万程度である、という報告もあるようです[4]。たしかに、一冊の辞書には15万程度の英単語が掲載されているのですから、＊＊星と＊星のついている単語、約1万語を知っているといっても、ようやく外国人として英語学習の入口にたどり着いたというだけのことなのです。

オブジェクト・ベースド・ラーニング

　日本語には「読み書きそろばん」という言い回しがあり、読むこと、書くことが重視されてきたように思います。文字を読み、文章を書く、というこ

4　D'Anna, Zechmeister and Hall (1991) を参照。

とが高度な技能であったがゆえに強調されてきたのかもしれません。実は、語学を習得するには、読み書きの前に、「聞き」、「話す」という作業が行われているのが普通です。赤ちゃんは生まれてから、すぐに母親や父親に話かけられて言葉を聞いています。意味が通じなくとも、意志が通じれば両親はそれを喜ぶのです。そうしたコミュニケーションを行うという意味で、両親からは優しく「話す」能力を訓練されているはずです。

英語の学習でも、楽しく聞き、楽しく喋ることが基本にあるべきでしょう。YouTubeやスカイプなどを総動員して、そうした機会を増やしていくことが大切でしょう。社会人大学院生として自らの専門科目を英語で学ぶことは大切です。MBAの場合であれば、経営戦略やマーケティング、会計や財務の専門用語を通じて、英語の運用力を高めるという学習方法です。これらの英語ビデオをYouTubeで探してみると良いでしょう。コーセラ（Coursera）やムークス（MOOCs）といったオンデマンドの講座も開設されています。

ある具体的な対象を設定して語学を学ぶ、という学習方法はオブジェクト・ベースド・ラーニングと呼ばれます。社会人大学院生となった「あなた」が、自らの専門について英語で学習していくことは、この方法論に沿ったものになっているのです。英語を学ぶのではなく、英語「で」学ぶ、ということがオブジェクト・ベースド・ラーニングの基本思想です。英語で何を学ぶのか。その「何」には、社会人大学院に進学したときの「あなた」の目的が入るはずです。日本語だけではなく、英語による情報と知識の世界に足を踏み入れて下さい。

〈社会人大学院生のよく犯す間違い〉
① ネイティブの発音を真似て発音している日本人を心の中で遠ざけている。
② 英単語を記憶しなくとも英語のうまい人になれると思っている。
③ 英語を書く機会の得られるMBAの授業を探そうとしない。
④ 楽しく英語を喋る機会を自分から探そうとしない。

〈学習効率を高める学び方〉
① 英語の発音ルールとしてのエリジョン（elision）、リンキング（linking）、アシミレーション（assimilation）を理解して、発音できるようになりましょう。
② YouTube などでクローズド・キャプション（cc: closed caption）のついた英語教材を探し、どの音が省略されているかをチェックしましょう。聞き取りながら、同じ文章を喋るシャドウイングを行いましょう。
③ 英文を読む前に、どの音がリンキング（linking）しているかをチェックしてから声に出して読みましょう。子音で終わる単語の次に母音で始まる単語が並んでいたら、リンキングをさせて読んでみましょう。
④ 英語を発音するときにはスペリングを忘れて耳から覚えましょう。「パーリーピーポー」のように英単語のスペルとは異なる聞こえ方をする言い回しを覚えましょう。

第 10 章　教授は何を評価するのか

〈キーワード〉
履修要綱、シラバス、絶対評価と相対評価、読解力、データ分析、現象と概念

絶対評価と相対評価

　社会人大学院の授業成績は何を基準としているのでしょうか。私が行う成績評価はまったく単純なものです。つまり、「あなた」が 4 月に受け取った『履修要綱』やシラバスに成績評価の基準が記載されているので、その基準のとおりに評価していきます。たとえば、「授業参加 30 パーセント、グループワークでの報告 30 パーセント、期末レポート 40 パーセント」と記載されていたら、そのとおりに評価を定めていきます。成績評価には説明責任があり、なんといっても公平公正でなければならないからです。
　大学院の場合、相対的な評価ではありません。つまり、教室にいる学生のなかの何パーセントかが必ず C になるとか、A＋を獲得する学生の数が限られている、ということはありません。これは大学院の授業参加人数にばらつきがあることから明らかです。2 人しか授業を受けていないとすれば、A＋、A、B、C、D に成績を分布させることはできません。2 人しか授業を受けていないとすれば、学生全員が A＋と A である、といった結果も許容されます。成績評価の分布はクラスサイズに依存します。
　相対的な評価をするべきだという考え方は常に存在しますが、参加者が少ないクラスであれば A＋、A、B、C、D という評価の比率を云々することに意味はありません。クラスサイズが 20 名以上程度になれば、正規分布に近い成績のばらつきが生まれるかもしれませんし、その場合でも正規分布のような左右対称な分布にはならないかもしれません。日本の大学院教育においては、100 点満点で成績評価をして 90 点以上を A＋、80 点以上を A、70

点以上を B、60 点以上を C と評価して合格とし、59 点以下を D として単位認定しないという制度が採用されていることが多いと言ってよいでしょう。

　大学院の授業で 100 点満点の採点が行われている、という教育上の慣行は、未来の世界からみればずいぶんとヘンな評価方法だと見なされるに違いありません。人間の知的能力を 0 点から 100 点までの幅で評価するのは、ずいぶんと難しい気がします。100 点満点での試験による評価方法は、大量生産方式で生み出されたネジの寸法誤差のように、正規分布にしたがった分散が生まれることを前提とした考え方かもしれません。工業化社会に成立した教育方法とその評価方法であるように感じます。

　たとえば、ある人の学習能力が別の人のそれよりも数倍、数十倍、数百倍高い、ということは十分にありうるように感じます。その大きな能力の差を 0 点から 100 点までの幅に押し込めることに教育的な意義があるのかどうか、私は常々疑問に感じています。とはいえ、文部行政が 100 点満点による評価を要請する現代にあっては、それでも一応の評価をしなければなりません。

　以下では、私の評価プロセスを説明しておきましょう。例として、『履修要綱』に記載されている評価基準が「授業参加 30 パーセント、グループワークでの報告 30 パーセント、期末レポート 40 パーセント」であった場合をとりあげて、それぞれの意味をもう少し深く解説しておきましょう。

授業参加

　すでに第 2 章で説明したように、授業参加と出席とが異なる概念であることには注意が必要です。出席していても、授業参加をしていない、と評価される場合があることは理解しておかねばなりません。授業参加とは、授業に有益な発言をした学生の評価を積み上げていき、その合計を計算するものです。「あなた」は、有意義な発言ができるかどうかを毎回の授業で試されていることになります。「授業参加 30 パーセント」と記載してあれば、その有意義な発言の回数が得点化されていきます。

　経済理論や統計学など数学的な試験を行う科目であれば、授業で意見を言

うことに高い評価が与えられるとは限らず、最終試験での評価が重要になるかもしれません。正解が存在する問題についての解法の理解度が問われるからです。しかし、経営戦略やマーケティングでの意思決定のように単一の答えがない課題を考える授業であれば、クラス内での発言が重要になります。

　注意すべきなのは、授業参加よりも出席点の比率が高くなる授業があることです。つまり、黙っていた学生の成績評価が低くなりにくい授業もあるのです。たとえば、学生の参加人数が40人を超える授業では、授業時間内に学生全員の発言時間が確保されているとは限らないために、出席評価の比率が高くなるでしょう。「あなた」が一生懸命に授業で発言していたにもかかわらず、そのときに黙っていた学友の成績が「あなた」よりも高くなるケースはありうるのです。ただし、数多くの学生のなかで発言をしつづけていれば、その努力は高く評価されるでしょう。

　「授業参加」という表現には、こうした意味で曖昧さが残されています。授業に対する評価点と出席への評価点のバランスが授業ごとに異なることに注意が必要です。要点をまとめれば、多人数のクラスであっても、発言することができるチャンスでは発言をしておくことが授業への貢献になる、ということでしょう。良い発言に対しては、教授の側でも、授業の質を高めてくれていることに対して、内心、学生に感謝しているものです。

グループワーク

　私の場合、グループワークについては最終成果を評価します。途中のプロセスを評価したいのはやまやまですが、学生どうしが自主的にミーティングを開いているところを観察することはできません。自分が観察できていないプロセスについて推定して評価点を与えるわけにもいきません。グループでの課題を出せば、基本的には、グループ・メンバーはその作業について同じ成績評価を獲得します。

　最終成果としてグループでのプレゼンテーションを行うと、その内容は容易に評価可能です。複数のプレゼンを、学生のグループ相互で比較すると、極めて容易に良し悪しがわかるのです。良いプレゼンには、アイデアがあふ

れ、学生相互で議論してきた努力を感ずることができ、時間のかかる作業を行ってきたことがわかります。データが集められ、適切に整理され、その意味を読み取って結論が導かれています。私の授業でも、学生が相互にプレゼンの評価をして点数をつける試みをしたこともありますが、その評価結果は概ね一致する傾向があるように思います。

　グループでのプレゼンテーションやレポートについては、やはりA＋、A、B、C、Dといった評価をつけて、それを評価のパーセンテージとして再計算します。上記の例であれば、「グループワークでの報告30パーセント」なのですから、かりにA評価を獲得して89点と点数換算した場合には、そこから最終評価の30パーセントに占める比率を計算します。すると26.7パーセントとなります。もちろん、A評価を80点に点数換算する場合もありますから、その場合には24.0パーセントとなります。

　たとえば、「あなた」が授業に毎回出席して積極的にクラス参加をして30パーセントの評価を獲得し、さらに、グループでのプレゼンの評価26.7パーセントを獲得したとしましょう。その合計は56.7パーセントとなります。この水準では、まだ、単位を取得できるC評価の60パーセント＝60点には到達していないことに注意が必要です。授業に毎回出席し、積極的に議論に参加し、グループワークで高い評価を得たとしても、まだ単位取得水準には到達していません。

期末レポート

　期末レポートでA評価を得たとすれば、それは100点満点では80点から89点の間と評価されていることになります。かりにA評価が89点と点数換算されて、『履修要綱』に記載されている「期末レポート40パーセント」に対応して重みづけされるとすれば、$89 \times 0.4 = 35.6$パーセントとなります。

　「あなた」がいままでに授業参加とグループワークとで獲得した56.7パーセントとの合計は、92.3パーセントとなりA＋の評価を獲得できます。A評価からA＋の評価になったのは「授業参加」で満点を獲得していたからです。「授業参加」と「期末レポート」には個人の努力が反映されます。そ

れに加えて、「グループワーク」ではグループの参加メンバーどうしの協力が評価されることになります。「助けられる」ということも、社会人としては必要な技能ですから、そのことを躊躇するべきではありません。もちろん誰かを助けることができれば、それによって感謝されることになるでしょう。

　期末レポートの採点も、難しい作業ではありません。誤字脱字がないか、論理的な文章が書かれているか、きちんとした調査をしているか、といった点を評価していきます。よいレポートを作成する基準については、本書第8章に説明しました。独自の問題意識を持ち、きれいな日本語で書かれていて、自らが集めたデータを処理したレポートが高い点を獲得します。授業時間内の試験や期末試験が行われる場合も、もちろんあるでしょう。筆記試験には配点がありますから、その評価に曖昧な点は少ないはずです。

読解力の提出

　レポートであれ、論文やリサーチ・ペーパーであれ、「あなた」の書く文章には読解力が反映されます。ある教科書の20ページ分についてまとめるように、というレポートの課題が出たときに、その20ページ分だけをまとめているのでは何か別の比較対象を据えて議論している部分がありません。「あなた」自身が、宿題となっている教科書20ページ分に加えて、比較対象とするべき参考文献を読んで、レポートのなかに組み込むべきなのです。一冊の本ではなく、二冊の本からレポートを作成すること、これは単純な読解力の一例です。

　読解する、ということには2つのステップがあります。

　第一は、ひとつひとつの文章を読み、理解していくことです。「あなた」が読む論文には、いくつの節があり、いくつの段落があって、全体が成り立っているのかを理解しなければなりません。段落に番号をつけて、ひとつひとつ理解していくべきです。数学的な内容を含む論文の場合には、ひとつひとつの数式を確認していくという作業が必要になりますが、日本語の文章も一行ずつ理解していく必要があるのです。

第二のステップは、そのようにして理解した内容を自分なりに再構築することです。小説や絵画などの作品を、どう読み、どう理解したか、を文章にするのは評論という分野の作業です。論文の作成にあたっては、評論のように「私がAをBに類似したものと感じた」といった感想は書きません。意見と事実とを分けた文章を書くことが重要であることは、本書第6章において説明しました。社会科学では、客観性が重視されます。先行する研究をどのような事実として理解したのかをまとめるのは重要な作業です。

　理解した内容を自分なりに再構築する、という作業では、自分が読んだ本や論文よりもシンプルなまとめができていなければ有効ではありません。誰かの文章をまとめたら、元の文章よりもさらに長くなったとしたら、読み手は混乱するかもしれません。難しい書き方をしている文章を、より平明で、単純な理解に分解していることが重要です。難しい書き方をした文章をまとめたら、さらに、もっと複雑で難しい「まとめ」になったとすれば、その「まとめ」を読みたいと思う人はいなくなるでしょう。

データ分析の緻密さ

　期末レポートの作成にあたって20から100くらいのデータについて、何らかの特徴で並べ替えを行い、そこから読み取れる特徴を分析しておくことは重要です。20から100くらいのデータは、国ごとの海外直接投資金額データかもしれませんし、企業のランキングかもしれません。同時期に入社した社員の昇進経路かもしれませんし、チョコレート・クッキーがコンビニのどの棚に置かれているかという棚割りの位置を調べた結果かもしれません。

　誰もが手にいれることのできる公開されたデータに比較すれば、足で稼いだデータが貴重なことは言うまでもありません。時間とともに変化する現場を捉えることは、社会科学の使命といっても良いのです。それは、「あなた」の取り組みを評価する教授たちに共通した認識でしょう。「あなた」の研究関心にあわせて、まず、生のデータを集め、それを並べ直して分析できれば高い評価を獲得するでしょう。その作業が仮説を形づくることにつながりま

す。レポートでも、グループワークでも、面白い仮説を導くための作業として取り組むことで、「あなた」自身の研究上の視点が高い水準に到達していくことでしょう。

社会人大学院生の誤解に次のようなものがあります。つまり、集めたデータを分析するべきときに、「あたりまえだから、まとめには含めない」、「誰もが知っていることだから、書かない」と判定してしまうことです。

大学院で教えていることは科学ですから、事実を重視します。時には、その事実が退屈で、あたりまえで、誰もが知っていることである場合があります。しかし、データがそのことを示唆しているのであれば、レポートのまとめの部分には、そのように書くしかありません。「あなた」にとってはあたりまえのことであっても、レポートを読む人にとっては、そうではないかもしれません。あるいは、「あなた」が調査した時点では、あたりまえのことであっても、10年後には珍しいことになっているかもしれません。あたりまえのこと、が調査の結果として確認されたのであれば、その事実を無視することはできません。

大学院の教育では、なにか奇を衒った事実発見を大切にしているのではありません。むしろ、普遍的な、誰にとっても、どの企業にとっても重要と考えられる課題について、その原因を問う姿勢が求められています。つまり、あたりまえのことについてデータをともなった事実を確認し、そうした事態がなぜ発生しているのかを考えることが要請されています。

以下では、そうした姿勢を支える3つの考え方をまとめておきましょう。作業の深さ、現象と概念、間接話法と表現力、という3つの思考方法です。

作業の深さ

2016年は人工知能（AI、artificial intelligence）が韓国の囲碁世界チャンピオンに勝利した年として、歴史的に記憶されるでしょう。2017年には米グーグルの囲碁用人工知能「アルファ碁」が中国の最強棋士との三番勝負に3連勝し、同社は囲碁AIの開発を打ち切ると発表しました[1]。AIによる囲碁の思考システムはディープ・ラーニング（深層学習）と呼ばれ、画像圧縮

技術を応用したものである、と報道されています。「あなた」が提出するレポートや論文も、多数の授業で得た情報や学習の成果を圧縮して提示したものであるべきでしょう。ただし、その圧縮の方向性を決めるのは「あなた」です。

　教授が評価するのは、「あなた」の行う圧縮の方向性が、それを支える努力の方向性と一致しているか、どうかです。研究の対象を文書にすることは簡単です。しかし、それを深く調査することは困難なことなのです。たとえば、「ビル・ゲイツのCSR活動と東京電力のCSR活動の比較研究」を行いたいと考えたとしましょう。研究テーマは面白く、重要なものです。CSR（企業の社会的責任）については、21世紀の企業が社会に積極的な貢献をしていくうえで、欠かせない要素となっているからです。

　そうした研究の方向性は、それを支える努力によって裏打ちされていなければなりません。ビル・ゲイツは現代の人です。優れた研究者であれば彼に直接インタビューを行うでしょう。ビル・ゲイツに会うには航空運賃と宿泊費を支払って彼に会いに行く必要がありますし、なんといっても、アポイントメントをとる必要があります。ビル・ゲイツにアポイントメントをとるためには、英語で手紙かメールを書く必要がありますし、調査の趣旨やその重要性を相手方に説得的に説明する必要があります。

　「あなた」の研究関心にインタビューイーも関心を示したときにインタビューが可能になります。東京電力に対してもCSRの担当者にインタビューを行うことができるはずです。努力の方向性というのは、こうした乗り越えるべき課題に必要な作業の有無から判定されるものです。期末レポートも、同様の論理で採点されるべきものです。

現象と概念

　第6章のロジカルシンキングを解説した箇所では、事実と意見を分けて書

1　日本経済新聞、「アルファ碁、最強棋士に3連勝　AI、人間圧倒し「引退」へ」、2017年5月28日朝刊、3ページ。

くことの重要性を確認しました。ここでは、さらに上級編として現象と概念の違いを理解しておきましょう。

　私たちが観察可能なのは現象です。その現象の背後にある原因を推定して確認する作業を大学院で学ぶべきです。推定される原因は目に見えるとは限りませんから、それを概念で示す必要があります。概念は、言葉で成立していますから、レポート、論文やリサーチ・ペーパーといった文章で示す必要があります。レポートや論文ないしリサーチ・ペーパーが、写真集のような形式では成立しない理由がここにあります。参与観察を行って現場を観察し、たくさんの写真を撮ったとしましょう。しかし、それだけでは、何が問題なのか、を示すことにはなりません。つまり、現象が目に見える場合であっても、その原因は目には見えないのですから、言葉で説明するほかありません。

　現象そのものが目には見えないこともあります。たとえば、交友関係のなかの信頼感であったり、暗黙に交わされた契約であったり、商慣習であったりすれば、その現象を目視することは困難です。インタビュー調査が必要な理由はここにあります。モチベーション、リーダーシップ、コミットメントなどの心理的な要因も目には見えません。アンケート調査や行動の観察など、なんらかの工夫によって、その現象を評価できるデータを作成しなければなりません。

　現象を叙述しているのか、原因を叙述しているのか、文章を書いている本人が混乱しているとしか思えない叙述を目にすることがあります。これは、社会人大学院生だけでなく、プロの研究者であるはずの大学教授による記述にもみられます。原因と現象とを区別できない人、つまり、明晰な思考ができていない人は多いのです。

　現象と原因の叙述が混乱するのは、現象の叙述に理論的な概念が用いられるときです。たとえば、限界費用や取引費用といった概念は理論的な概念なので、原因の叙述に用いられるのであれば混乱は生じません。ところが、限界費用や取引費用を一般的に観察可能な現象であるという立場に立つと、理論的概念が現象の叙述として用いられることになります。費用や取引といった日常生活に用いられる単語で研究が進められることになると、問題はさら

に複雑で、そうした用語による叙述が高尚な理論の概念であるようにも読め、実務での一般的な用語であるようにも読めます。

現象と原因を峻別(しゅんべつ)して議論できるということは、文章の背後にある思考水準の高さを示すことになります。原因の問いかけには概念が必要です。「誰かにインビューをしてレポートを作成したのだから、それで高い評価になるはずだ」、と考えてはいけません。インタビュー内容から認識される現象は何なのか。その原因についての推定は得られているか。その推定に従って質問を投げかけたのか。現象と原因という両者の関係をつなぐ概念は何か、をチェックしなければなりません。

間接話法と表現力

社会科学の研究は間接話法で行われます。間接話法の対義語は直接話法です。間接話法では事実を客観的に述べます。その対極にあるのは私小説です。「私」がストーリーの中心にいて、「私」が何を行い、「私」が何を感じたのかを叙述していきます。社会科学の研究は間接話法で行われますから、「私」が文章のなかに登場する必要はなく、筆者として文章の背後に控えていることが多いのです。社会科学において間接話法を採用する理由は、追検証を期待しているからです。ある研究の成果を、同様の方法で検証したときに、同じ結果が得られることが期待されているのです。私小説のように「私」が中心に座っていれば、それを別の人が追検証したときに同じ結果は得られないでしょう。

間接話法で研究結果を表現することは、私小説を書いてきた文学青年や文学少女にとっては難しい課題かもしれません。研究結果を発表するのも、私小説を書くのも、ともに自己顕示欲の表現と言えるかもしれませんが、その表現方法はずいぶんと異なります。小学校のときに、あさがおの観察日記や理科実験ノートをきちょうめんに作成したことのある人のほうが社会科学の文体に近い表現を学んできたと言えるでしょう。小説を読むのが好きだった人は、たくさんの語彙(ごい)を知っているかもしれませんが、それだけでは良い論文は書けません。繰り返しになりますが、社会科学に適切な文体を学ぶに

は、数多くの良い論文を読む必要があります。

　文章の表現力は、人によって大きな差があるものです。これはマラソンのようなスポーツで途中リタイヤしてしまった人まで含めて順位をつけるようなものです。文章の表現力について明確な測定をすることは不可能ですが、読みくらべをしてみれば明らかです。「あなた」の書く文章を読んだ教授がうなるような美しい文章を書くにはどうすればよいでしょうか。たくさんの論文を読み、たくさんの文章を書く、ということに加えて、ひとつの点に注意しましょう。それは次のことです。

　教授をうならせるには、書き直しをするための時間を確保する、ということが必要です。時間に追われて、書きっぱなしの文章をレポートとして提出するのは賢い作業とはいえません。自分の書いたレポートを二度、三度と書き直すことは可能なはずなのですから、その作業のための時間を確保しておくべきです。二度書き直すならば二日前、三度書き直すならば三日前にはレポートの下書きができあがっているべきです。修士論文は、提出期限の一か月くらい前には完成しているべきでしょう。一か月という時間があれば、「あなた」が書き直すだけではなく、指導教授からコメントをもらって書き直すことが可能でしょう。

　自分の書いた文章を、時間をおいてから再度読み直してみると、その不完全さに気づくはずです。自分の書いた文章を、他人の書いた文章であると思って、厳しく添削する時間が必要です。そのように客観視できるだけの時間を確保することが大切です。期末レポートの作成でテキパキと作業をして読み直し、書き直しをする習慣をつけることで、リサーチ・ペーパーや修士論文の書き直し作業をする時間を確保することができるようになるのです。

〈社会人大学院生のよく犯す間違い〉
① 成績評価になにか特別な基準や視点があるのではないか、と考えている。
② 誰かほかの人が書いた文章を読んでまとめるのが、大学院での学習であると考えている。
③ 課題に答えるだけで独自の視点からのプラス・アルファを付加しようと思っていない。

④ 読解力と表現力を、現象と原因との関係を叙述するために有効に利用していない。

〈研究水準を高める学び方〉
① 授業参加、グループワーク、レポートや論文ないしリサーチ・ペーパーの推敲(すいこう)のための時間を確保しましょう。
② レポートや論文ないしリサーチ・ペーパーの作成にあたっては自分独自のデータを並べ替えて、その結果から仮説を見つけましょう。
③ 平凡だと思える事実も無視せずに記録しましょう。
④ 教授は「あなた」の思考の深さを評価します。思考の深さは綿密な作業プロセスによって表現されます。それを示すレポートや論文ないしリサーチ・ペーパーを作成しましょう。そのためには時間が必要です。

第 11 章　何を仕事に活かすのか

〈キーワード〉
社交性、語彙力、仮説思考、能力構築能力、チーム・ビルディング

社交性

　私が教えてきた学生諸君のなかには、社長賞を獲得した人がたくさんいます。営業成績がよかったり、企画が評価されたり、財務に貢献したといった理由で勤務先の会社から表彰された人たちです。複数回にわたって社長賞を獲得した、という実績をもつ人たちもいます。その実態や理由を学問的に調査したわけではありませんが、次のように考えることは可能であると思っています。それは、大学の卒論や大学院の修士論文作成のために調査ができる人であれば、それを営業活動に活かすことができる、ということです。

　研究のための調査をするときには、徒手空拳であり、被調査者に与えるものは何もありません。見ず知らずの人に頭を下げて、調査の趣旨を説明し、インタビューを行って、その結果を論理的な文章にまとめていきます。営業活動の場合、「あなた」の背後には会社の商品力があり、ブランドがあり、顧客と積み上げてきた信頼があります。勤務先の会社での営業活動は、「あなた」が個人で行う調査という活動に比べて、「あなた」をバックアップしてくれる要因が多数あります。大学院での修士論文作成を終え、会社でのビジネスに戻った「あなた」には、会社という組織の支援があるのです。

　調査を行うときには、社交性が必要です。無口な、人見知りの状態では調査はできないのです。社会人大学院生として調査を行った経験があれば、見ず知らずの人と話のできる社交性を身に着けているはずです。

美しい文章と論理的思考能力

　レポート、論文、リサーチ・ペーパーの作成と書き直し作業を経験してきた「あなた」の日本語文章力は確実に上昇しているはずです。語彙力、短文での表現など、文章を書く力とともに、論理的な思考が冴えているはずです。「あなた」が作成した論文の文字数は、24,000字程度という当初の見込みを大幅に超えて、40,000字（原稿用紙100枚）程度になっているかもしれません。それだけの長さの文章について論理構成を緻密に考えたのですから、ビジネスに必要なレポートの作成も容易にできるはずです。

　良い文章をどう書くか、という課題について学べる場はあまり多くはありません。社会人大学院生の実力が大きく伸びるのも、この領域です。良い文章、論理的な文章を数値化して評価するのは難しい課題ですから、教授による主観的な評価が行われていると思われがちですが、実は、複数の教授による評価はほぼ一致するものです。つまり、数値化することは難しくとも、良い文章を高く評価することは可能です。まして、良い文章を書く、という社内教育を行う余裕のある企業は少ないのです。

　社会人大学院生が大学院を修了した後で生かすことができるのは、良い文章を書くという技能です。良い文章の背後には論理的な思考能力があります。論理的な思考ができる人は、意思決定も早く行うことができるでしょう。ロジカルシンキングができる人は、社内で行われている議論から生まれる矛盾や論理の齟齬（食い違い）を瞬時に理解することができるでしょう。そうした矛盾や齟齬を修正する方向の提案をすれば、意思決定課題への解を導くことができるでしょう。

仮説思考

　英語には、Your solution is not my problem. という表現があります。直訳すれば、「あなたの解決策は、私の課題ではない」となりますが、「あなたの解決策は、私にとって（解決してほしい）課題（への解決）ではない」とい

うほどの意味です。このセリフは、重要なことを簡潔に表現しています。

　私たちが小学校から大学入試までの試験で求められてきたのは、空欄に正解を記入するか、択一式の回答から正解を見つけることでした。解くべき課題は、教師という出題者によって与えられており、その問題には正解が存在していました。課題は意味のあるものとして教えられ、その解法は授業内で与えられてきました。

　現実の社会で必要とされているのは、正解を求める作業を開始するための、課題の発見にあるのです。今、誰かが何かに困っていないか。そのことを感知できる感受性がない人には、課題の発見はできません。たとえば、顧客が不便を感じているのはサービスのどの部分に対してなのか。会社の海外拠点で収益が上がらないのはなぜなのか。そうした課題を重要であると判定し、自分の会社に引き寄せた問いを見つけることが重要なのであって、問題集を開いて正解を見つける作業とは本質的に異なった視点が必要となるのです。

　記憶力に優れて勉強秀才であった人たちが、会社のなかでは使えない人間の烙印を押されてはいませんか。行動を起こすことを先延ばしにしたり、人に頭を下げて話を聞くことができない人が、そうした勉強秀才と重なるのは偶然のできごとではないでしょう。顧客のためでも会社のためでもない官僚的な社内規定の解釈にのみ有能である人が「あなた」の会社にもいるかもしれません。教科書を暗記し、その答えを記入して得た学歴や資格などには、解くべき課題を発見する、という活動は含まれていないのです。

　解くべき課題が発見できたのちに、その要因を探るとすれば、それは仮説を設定するという作業につながります。適切に設定された仮説は、課題の解決に有効に機能します。いくつかの仮説を設定して検証する、という作業によって課題解決の可能性は高まります。愚痴をこぼしたり、原因を人のせいにしていては、課題は解決しません。

　Your solution is not my problem.という表現が意味しているのは、「あなたは、誰か困っている人の直面している問題を認識しているのか」という問いかけです。「ここに困っている人がいるのだが、その人の直面している困難を、君は理解しているのか」という問いかけと言ってもよいでしょう。

能力構築能力

　社会人大学院が「あなた」に与えることのできる最高のプレゼントは、「あなた」自身の能力を将来にわたって「あなた」が構築していく能力、つまり、新たな能力を構築する能力であると言ってよいでしょう。この能力構築能力というプレゼントは、それを手にした人も、実感していないことが多いものです。たとえて言えば、あなたの自家用車のエンジンが、こっそりと新型エンジンに交換されているようなものでしょう。遠くまで行こうとしなければ、燃費が良くなったかな、と薄ら感じる程度のものでしょう。しかし、同じガソリンの量で遠くまで行けるようになっているはずですし、遠くまで運転しても新しいエンジンを搭載した自家用車は疲れ知らずに動いていくはずです。

　ここでいう遠くの場所とは、知性的な意味での遠さです。現実の仕事、日々の生活から離れた抽象的な概念を理解することが、現実の業務変革や日々の生活にまで影響を与える例は多いのです。現実の経営において変革が生まれれば、それを説明するための抽象的な概念が生まれます。そうした抽象的な、日々の生活からは遠くにある概念を理解し、現実に活かす場と時間を与えられていることが社会人 MBA 保持者の特権ともいえるでしょう。

　知識は必ず陳腐化します。最新の知識も古いものになっていきます。新しい知識を理解し、その応用を考え、仕事に活かしていくという能力構築能力の基礎を「あなた」は社会人大学院で身につけたはずです。これからやってくる未来に学ぶ能力を得ることができるのが、大学院教育のメリットなのです。

チーム・ビルディングと個の力

　仕事でもチームで働き、大学院でもグループワークを行い、「あなた」はチームの動かし方に慣れているはずです。大学院で身に着けたグループ・ワークと仕事での課・班・グループというチームとの違いは何でしょうか。

大学院では職務の割り当てが決まっていません。職務の割り当てが決まっていないグループで求められるのはリーダーシップです。誰かが組織を引っ張っていくのです。

　リーダーとリーダーシップは異なる概念です。リーダーシップのないリーダーを見つけることに、さほど困難は感じないでしょう。リーダーという職務の割り当ては、リーダーシップが現れることを困難にしている側面すらあります。仕事であなたが配属されたグループに、すでに課長・班長・グループリーダー・チームリーダーがいるとします。しかし、その人たちにリーダーシップが備わっているかどうかは、その役職だけからは判断できません。昨日まで課長であった人が突然退社してライバル会社に転職してしまうかもしれません。リーダーの職位にある人が、チームメンバーのことを考えずに、自分のことを最優先に考えて行動していることもあるかもしれません。

　リーダーシップとはなにか、についてはたくさんの経営学的な、あるいは、組織論的な研究があります。本章では、リーダーシップを、不確実な未来のための準備を行いながら、チームを行動によってひっぱっていく人と定義しておきましょう。古代からの例として有名なのは旧約聖書に登場するモーゼであり、彼は、都市化が進むエジプトでカエルやヒルが大量に発生する状態に危機感を抱き、同朋とともに都市を脱出していきます。未来を予測する能力には、人によって大きな差があり、かなり確実な未来の変化ですら予測できない人もたくさんいます。将来の環境変化に対して鈍感なまま、楽をしようとする人のほうが多いのかもしれません。

　大学院でのグループワークには、課長はいません。グループへの貢献によってリーダーシップが示されます。参加メンバーによって貢献の仕方は異なります。チームを創り上げていくという作業を経験することによって、職務や職位とは異なった「あなた」のチームを自分で創り上げていく能力が身につくはずです。会社と社会のために貢献し、なかには起業してリーダーシップを発揮することが、「あなた」には期待されているのです。

勉強会の組織

　大学院を修了した後にも、大学院時代の友人たちと勉強会を行っている人たちがいます。単位をとるわけでもなく、学位をとるわけでもなく、新しいビジネスの動向やソフトウェアの紹介、経営学における最新の研究動向や新刊書などについての学習会を開いています。なぜでしょうか。

　答えは、それが楽しいから、ということでしょう。日曜日の NHK 教育テレビでは午前に将棋講座、午後を囲碁講座の番組が占めています。頭を使うシンキング・ゲームの楽しさを知った人たちにとって、こうした番組は楽しい時間でしょう。将棋や囲碁のルールを知らない人たちにとっては、たんなる時間の無駄に思えることかもしれません。MBA 保持者による勉強会は、そうした趣味に似ています。

　「大学の勉強など実社会の役に立たない」という意見を言う人や、「大学院などに行っても何の意味があるんだ」という人は、大学や大学院で適切な指導を受けて学んだことのない人でしょう。囲碁のルールを知らない人が、囲碁番組を見ている状態に似ています。「何の役にたつのか」と問われれば、具体的に人の役に立つということは少ないでしょう。しかし、囲碁を打っている人にとっては、それ自体が楽しく、追求する価値のある存在なのです。そこには、才能の発見があります。

　大学院での勉強は、囲碁・将棋・麻雀・トランプ・バカラ・競輪・競馬・食べ歩きなどを合わせたよりも、はるかに多様な専門科目を準備し、そのそれぞれに個性的な才能を要求しています。『履修要綱』に記載された科目のそれぞれが、一つの世界（universe）を創り上げています。経営戦略、ファイナンス、マーケティング、生産管理（オペレーションズ・マネジメント）、人的資源管理、経営史、経営組織、国際経営などの科目を学び、真剣に大学院生活を送った人ほど、2年間ではすべてを学ぶことはできなかったと感ずるでしょうし、その2年間がすぎたのちに学問が発展していく姿を理解できるようにもなることでしょう。そのように感ずる有志が集えば、勉強会を組織することは必然的な流れとなります。

相互批判を許す文化

　組織が腐りはじめるときには、自由な意見が封殺されています。誰が考えても正しいという意見を、組織の長老が踏み潰していきます。正しい意見を現実化するための労力をおしみ、誰もが自分の時間を使うことを惜しみ、「断る力」の強い人たちが楽をして給与を得ています。会議では何の発言もしない人が、真っ先に長期休暇を消化していきます。将来を見通すこともできず、過去に十分な実績をあげたこともない無能な人間が、ルーティンワークを継続することだけを、したり顔をして説くとき、組織の構成メンバーは、その組織を離れることを考えはじめます。

　「あなた」が社会人大学院で学んだのは、年齢や、職位や、地位にかかわらず、論理的な思考によって相互に批判することのできる自由な空気であったはずです。そこでは組織にとって必要なルーティンワークの改革と、そのための組織能力の構築、それらを導く経営戦略が議論されていたはずです。「あなた」の会社には、自分の能力発揮の場所を探している人たちがたくさんいるはずです。会社で、部課で、チームで、自由な意見を封殺せずに、衆知を集めることの大切さを組織に浸透させていくことが「あなた」に求められています。

　社会人大学院で学んだことは一生の役にたちます。それは「あなた」が知識を獲得するだけでなく、創造する方法を大学院で身につけたからなのです。

〈社会人大学院生のよく犯す間違い〉
① 大学院を修了しても会社が給与を上げてくれないのは理不尽だと感じている。
② 大学院を修了したら勉強に一区切りがつく、と考えている。
③ 修士課程という学歴を会社での昇進に役立てられないのは理不尽だと考えている。
④ 修士課程を修了したら、すぐに博士課程で学ぼうと考えている。

〈研究水準を高める学び方〉
① 人から話を聞く力をもつことは重要な能力であることを認識しましょう。美しい文章を書く能力も、大切な能力です。こうした能力は、すべての人に等しく与えられているわけではありません。
② リーダーとリーダーシップとは異なる役割を意味します。リーダーシップを発揮する場を経験することが大学院生活の重要な一部であることを認識しましょう。
③ 「あなた」は、授業で教わっている大学教授よりも「あなた」の仕事に関して高い能力を有しており、その能力をさらに高度な仕事に活かしていくのだ、という使命を認識しましょう。
④ 一生、学び続けることの楽しさを知りましょう。将来のために語り合える仲間と学習会を組織しましょう。
⑤ 修士課程を修了して、さらに博士課程で学ぶのであれば、数学、統計学、計量経済分析ないし多変量解析を学習してから進学しましょう。できれば、これらの学習は英語で行うのが望ましいでしょう。博士課程の学生となって海外の学会で報告するには英語で統計解析の手法を説明できなければなりません。働きながら学んだ2年間の修士課程では、数学、統計学、計量経済分析ないし多変量解析の学習が十分ではないかもしれません。修士課程を修了したら、すぐに博士課程で学ぼうとするのではなく、博士課程に必要な基礎学力を身につけてから進学したほうが授業料を支払う在籍期間は短くてすむでしょう。

第 12 章　経営理論は自分でつくる

〈キーワード〉
定石と定跡、セオリー、暗黙の戦略（tacit strategy）、困りごと、パズル、暗黙知、自分のための経営理論

日本企業の取締役員

　日本企業の取締役は不思議な存在といえます。部長職の席を占める多数の候補者のなかから取締役が選任されるのですが、その理由を経営実績や経営成果で説明するという慣行がないのです。営業成績が優れていると自他ともに認める人が取締役に選任されず、「おや？」と思う人が取締役に選任されるケースもあるようです。選任された本人も、なぜ自分が選ばれたのかという説明を明確には受けていないようですし、これからやるべき課題は伝えられたとしても、その課題に取り組むための過去の実績が十分であるのかどうかについて、どのような評価が与えられてきたのかは必ずしも明確ではないようです。同期入社の仲間や先輩、後輩の部長職のなかから、なぜある人物が選ばれたのかについて、取締役会がその理由を本人に言葉で説明することはなく、株主総会といった公の場で説明されることもないことが多いようです[1]。
　これは、事業部制が長期の成長性に依存していることに由来しているのかもしれません。つまり、多数の事業部を持つ大企業では、事業部での営業販売実績によって事業部長の能力を判断しない、という留保がつけられている、とみることができます。事業部の営業販売実績は、販売する商品によって異なります。製造・販売している商品が成長期にあるのか、衰退期にある

1　以上は、筆者の行ってきたインタビューによる知見によります。

のかによって、数字で表される実績には大きな差が生まれます。日本企業の人事慣行によれば、成長の途上にある事業部に配属されるか、衰退のさなかにある事業部に配属されるかは本人の意思に従ったものではないので、事業部の成績が悪かったとしても、そのことをもって昇進が閉ざされる理由にはならない、という暗黙の合意があると言えるのです。

　客観的な営業成績とは異なる基準によって選別された取締役たちが取締役会を構成します。こうした状態にある取締役会のメンバーは、経営学とどのように向き合うでしょうか。極端な場合には、株主総会での業績説明、社内報での会社紹介文、年始の社員向け挨拶、新入社員向け挨拶、といったところで「気の利いたセリフ」を言うために、その時々の流行り言葉を引用するということになるのかもしれません。あるいは、日本を代表する会社のリーダーである取締役社長が、海外の有名経営者の言葉や、良く売れているビジネス書を引用して社員向けに経営戦略を喋ることになるのかもしれません。そうしたスピーチは凡庸なものとなる可能性を含みます。

　これは経営学の無理解から生まれた結果と言ってよいでしょう。取締役になってから、初めて経営学を学びだしても遅いのです。経営学を学ぶことの最終目的は、自分用の理論をつくりあげることにほかなりません。海外の経営学者の著名な言葉を引用するのでは、解釈学を講ずる大学教授とかわりがないことになります。本章のタイトルとなっている「経営理論は自分でつくる」という言葉の意味は明らかでしょう。経営学は、役に立たないものではなく、解釈学のためのものでもなく、社員に向けたメッセージの引用元でもありません。社会人 MBA で学ぶべきは、自分と自分が勤める会社のための「経営理論」を自分で創り上げる能力を育てることにあるのです。

MBA を獲得したら

　無事に修士論文を提出して MBA（経営学修士号）を獲得したら、仕事に専念する時間を持てるでしょう。本書第 11 章で述べたとおり、MBA を獲得した「あなた」には、社交性や文章力、論理的思考能力に支えられた議論の方法、仮説思考とチーム・ビルディングなど、いくつかのスキルが身に着

いているはずです。会社への貢献度を高めた「あなた」の活躍が続くはずです。

本章では、そうしたスキルとしてのMBAの効能だけではなく、長期に役立つ理論づくりの意義をまとめておきたいと思います。理論づくりは、学者の特権ではありません。理論づくりをするのに資格は必要ありません。そのようには意識されていないかもしれませんが、誰でもが自分の仕事に必要な理論をつくっています。MBAを獲得した人は、修士課程で受けてきた訓練によって、自分のための、また、自分の職場と会社の方針のための経営理論を構築する作業をスムーズに行うことができるのです。

本書各章で述べた研究と学習の方法論も、この最終目標に到達するためのステップにほかなりません。職場で感じた疑問をもとに理論研究と実証研究を進めた「あなた」は、修士論文を作成できたはずです。修士課程を修了して職場に戻り、次には職場にとって有用な「経営理論」を自分でつくりあげる必要を感ずるでしょう。その方法を真剣に探求すべきなのです。以下では、まず、理論とは何か、について第5章とは異なる角度から復習しておきましょう。

定石と定跡とセオリー

理論に近いものとして囲碁の定石(じょうせき)や将棋の定跡(じょうせき)があります。定石や定跡とは、ある構想に基づいた作戦のもとで最善と考えられる応手の組み合わせのことであり、日本では江戸時代に囲碁・将棋の家元制度ができあがって以降、現代に至るまでに棋士たちが発見し、検討を重ねて、積み上げてきた戦略的な応手のことを言います。囲碁は中国や韓国でも長い伝統がありますから、そうした国々で発達した定石が日本での定石に影響を与えてきたとも言えるでしょう。

注目されるべきなのは、現代でも、新しい定石や定跡が開発され続けていることです。囲碁や将棋という限られた空間でのゲームであっても、最善の応手が多数あり、いまだにその多くが発見されていない、と理解することができるでしょう。囲碁の定石や将棋の定跡には多数の戦型があり、流行の攻

撃パターンがあり、それを受けるパターンがあります。そのパターンを数多く理解している人が強いプレーヤーとなります。将棋の場合、新たな定跡を開発したプロ棋士の名前が、その定跡の名称に冠されて残されます。囲碁や将棋という限られたゲームのなかで、理論に相当する考え方が集積してきたのです。

野球の守備にもセオリーがあります。たとえば、ワンアウトでランナーが1塁と3塁にいて、バッターが打った打球がショートに飛んだとしましょう。ボールをキャッチしたショートは、どこに球を投げるべきでしょうか。ホームベースでしょうか。2塁でしょうか。3塁でしょうか。それとも、1塁でしょうか。

実は、この設問はショートがどこにボールを投げるべきかについての条件を十分に説明していません。ボールをキャッチした時点でのランナーの位置に応じて投げるべき場所が異なるからです。もちろん、現在の得点差によっても投げる場所は異なります。

これ以上、1点も得点を取られてはならない、という場面であれば、ショートはホームにボールを投げるべきでしょう。たとえば、9回の裏、ノーアウトで同点であるとすれば、ホームに投げるべきです。しかし、味方のチームが大量得点差で勝っている場合には、1点を与えたとしても逆転されるおそれはないので、ダブル・プレーを狙うべきでしょう。つまり、ショートは2塁にボールを投げ、2塁手は1塁にボールを投げて、ダブル・プレーを狙うでしょう。その間にサードランナーがホームにかけこむと1点を与えますが、大きな失点にはならなくてすむというわけです。

本書で、経営の理論を自分でつくる、というのは、新しい定石や定跡を試みるときのように、自分が試みる新たな一歩の理由を明確に説明することを指します。野球の守備と同じように、ゲームの状況に応じた理論、場面に応じた理論をつくっていく、ということに他ならないのです。

経営戦略と理論

野球チームの例でいえば、経営戦略は試合の前からはじまっています。誰

が監督をするか、何人の部員に入部を許可するか、誰がどのポジションを守るのか、といった構想は戦略にほかなりません。プロ野球であれば、新人のドラフト、トレード、監督とコーチの陣容、成績に応じた選手の年俸など、試合の前に戦力を高めることから経営戦略が練られていきます。選手の年俸は、その選手だけでなく、チーム・メンバーのモチベーションに影響を与えます。

　こうした経営戦略を立案するときに必要となる考え方を理論と呼びます。ベテランの選手に何を期待するのか。ドラフト1位に指名するのは野手なのか、それともピッチャー陣の補強を目指すのか。そうした問題を、個別の場面で解く必要がうまれるのです。それは、囲碁や将棋のセオリーである定石や定跡を理解し、定石や定跡の示す手番を超えて有効な打ち手や指し手を試みていくことに似ています。その試みを制限するものは何もありません。誰もが、囲碁・将棋・野球を楽しめるように、誰もが経営理論を構築してよいのです。

　企業経営に携わる人たちは、誰もが暗黙のうちに経営理論を持っており、それを使っている、といってもよいでしょう。それは草野球をするときに自然とピッチャーや四番打者が決まっていくことにも似ています。洞口（2009, 130ページ）は、それを「暗黙の戦略（tacit strategy）」と呼んでいます。暗黙の戦略とは、組織を導く戦略でありながら、言葉で説明しても伝えにくい考え方のことを指します。

　たとえば、職場で採用される制服やユニフォームは暗黙の戦略を象徴的に示しています。地下鉄の駅員さんのユニフォームとお寿司屋さんの調理白衣には、それぞれの機能性と仕事内容が示されています。ある場面で組織の成果を高めようとするときには、コツと呼ばれるいくつかの方法があり、それらが複合的に用いられています。料理でも、電車の運転でも、小さなコツが積み重なってプロフェッショナルが産み出されます。その小さなコツを集積させて、教え、かつ、高い水準で維持することが、どのような職場でも要請されています。

何のための理論か

　経営理論と言えば、ホコリをかぶった本の山というイメージがあるかもしれませんが、それは、海外の経営学者の所説を翻訳して紹介し、再解釈してきた日本の学者が多いことに原因があるのかもしれません。経営学説史をたどることは、野球殿堂博物館で過去の有名選手のバットやユニフォームを見ることに似ています。野球というスポーツが発展してきた歴史を理解することには役立ちますが、野球そのものをプレーするのが上手になるわけではありません。ランナーの位置によってショートがどの塁のランナーに向けてボールを投げるのかが異なるように、「あなた」の会社が置かれている環境と要請によって、異なる経営理論をつくっていかなければなりません。

　理論づくりには２つの理由があり、２つの方法があります。それぞれを順番に説明していきましょう。

　理論をつくるべき第一の理由は、困ったこと、の存在です。職場で困ったこと、会社を成長させるうえで困ったこと、社員としてとるべき姿勢で困ったこと、取引先との交渉で困ったこと、など、さまざまな「困りごと」が存在し、その解決方法を根本から考えようとするときに理論が必要となるのです。

　第二は、知的好奇心をそそるパズルがあるときです。誰も困ってはいないが、不思議な現象に出会ったときに、それはなぜなのだろうか、と考えてみたくなるものです。「なぜなのか」を解く、その説明の原理として理論をつくる必要が生まれます。たとえば、日本を代表する航空会社の客室乗務員は、ほとんどが女性ですが、外国のある航空会社では３割ほどが男性である、というデータを眼にしたとします。それは、なぜでしょうか。どちらが効率的な経営なのでしょうか。どちらが安全な運航につながるのでしょうか。こうした疑問を考えることが、理論づくりを要請するのです。

　理論には二通りの作り方があります。第一は、現実を観察することです。星を観察することから天文学が生まれたように、身のまわりの現実を記録することで、解き明かすべき謎が見つかります。データを集めることは観察記

録をつくる一つの方法です。第二は、ある純粋な状況を想定して、その想定された要素間の働きを説明することです。ニュートンの万有引力やアインシュタインの相対性理論は、天文学で観察されたデータを説明するために利用されています。頭のなかで組み立てた思考実験として、ある純粋な状態を設定して考えてみることが理論づくりの基本です。

経済学では、モノとカネとの交換が行われるという事実を観察した経済学者たちが、その両者に共通する「価値」や「効用」を持つという理論を打ち立ててきました[2]。心理学では、ヒトとヒトとの感覚としての「信頼」や「リーダーシップ」という現象を観察した心理学者たちが、その量的な測定を試みてきました[3]。

現実とは、私たちの身の回りで起きている出来事のことですが、それらを観察し、疑問を感じ、なにごとか別の要因で説明をしたい、という必要性が生まれる場合があります。ある疑問を、別の要因で説明するのですから、その説明をするときに使う要因は、説明される要因の数よりも少ないほうが良いのです。少ない要因で、多様な現実を説明できるのが良い理論である、ということになります。つまり、理論は単純なほうが良いのです。

理論づくりによって現実を説明するという作業を行う場合、その説明は詳細で具体的であるほど説明を受けた人の理解度が増します。説明は詳細であればあるほどよく、理論は単純であればあるほど良い、ということになります。理論においては、「それはなぜか」という理由の説明が命題の形で述べられるのですから、理論を説明できる、ということと、明快に現実を説明できる、ということは別の次元の知的作業を同時に要請していることになるのです。

眼に見えないものの観察

理論づくりでは、目に見えないものを言葉にする作業を必要とします。そ

---

[2] ロビンソン（Robinson, 1962）は、経済学が価値や効用といった形而上学的（metaphysical）な概念に基礎をおいていることを指摘しています。
[3] たとえば、レビ（Levi, 2014）を参照。

の作業は、詩人が作詞することに似ています。唄の歌詞を創り出すシンガーソングライターに似ていると言ってもよいでしょう。作詞家が言葉を連ねているように、愛も、恋も、夢も、友情も、思い出も、眼には見えないものです。人間にとっては、眼にはみえないが大切なものがあります。眼に見えないものは、言葉でしか表現できません。

　企業経営を動かしている力も、眼には見えないのです。眼には見えないが、なにか大切なものが企業経営を動かしているのですから、それを言葉にして表現するしかないのです。自動車を製造販売している会社であれば、乗用車という製品を眼にすることはできます。しかし、エンジンの馬力やトルクといった性能を表す指標は眼には見えません。新車を購買してくれる顧客が日本や世界のどこに、どれだけいて何を求めているのか、という将来予測も眼で見ることはできません。なんらかの考え方を仮説として仮定して、その仮説を実証するデータをできる限り集め、そこから数値予測を立てるしかないのです。そうした販売予測を行う必要があるのは、自動車生産に必要となる部品や生産設備を注文し、調達するために時間とコストがかかるからです。新車販売台数の予測をすることは、企業の経営戦略と工場の生産管理に不可欠です。

　「自分はエンジンの設計をしているのでもなく、新車販売台数の予測をしているのでもなく、自動車部品の設計をしているのでもない。コミュニケーション能力、営業成績、商品知識こそが必要であって経営理論など必要ない。」という声が聞こえてきそうです。こうした意見は間違っています。コミュニケーションにも、営業成績の上げ方にも、商品知識の覚え方にも、それぞれの理論があるのですが、それを言葉にして教えてくれる人が少ない、というのが実態なのです。それを学ぶことのできる場が社会人大学院なのです。

　目に見えないものを発見するために観察をします。目に見えないのであれば観察などできない、と思う人もいるでしょう。逆説的に聞こえるかもしれませんが、観察をすることで、ある行動や現象の背後にある共通した原因を推定することができるのです。「愛」を目で見ることはできません。しかし、母親と子供の行動を観察していれば、その両者の間に存在する行動パターン

を説明する原因としての「愛」を推定することができるでしょう。その推定を確認するためにインタビュー調査を行うのです。

　自動車工場で作業に携わる作業員がどのくらい高いモチベーションを持って働いているかを眼で見ることもできません。動きの良い作業員が翌日には離職するかもしれませんし、作業が遅れ気味な作業員が定年まで働き続けようと固く決意しているかもしれません。そうした可能性の有無は、作業員へのインタビュー調査や社内記録によって確認していく必要があります。

　観察を行うには時間と費用がかかります。工場を観察したいときには、その工場に訪問の許可を得て、作業ラインのそばに立ち、観察事実を記録することになります。工場が自宅から遠くにあるならば、ホテルを予約して泊り込まなければなりません。一社の工場から一日の観察を許可されたとしても、十分な観察にはならないでしょう。別の会社の別の工場を観察するか、同じ会社を別の日に観察する依頼を行うしかありません。そうした場合の宿泊費や交通運賃などの費用をすべて合計すれば、大きな金額になります。もちろん、経済学でいう機会費用、つまり、工場見学を行わなければ得られていたであろう収入を合計すれば、さらに大きな金額となります。

　第5章で紹介したとおり、長期に一つの作業職場で観察作業を行うことを参与観察といいます。もともとは文化人類学で採用された研究方法であり、未開の地に暮らす原住民の暮らしを知るために、その地に何年間か住んで、その様子を記録する、という研究方法を指します[4]。これも人生を捨てて研究成果を得ようとするところがあり、失敗した場合には、その研究者の人生を揺るがすことになるでしょう。ある会社に勤務して、その勤務内容を調査研究報告として公表できるかどうかにも大きな疑問があります。自分の勤める会社の守秘義務を守っていない、パフォーマンスの低い個人が特定できてしまう、といった職業人としての倫理の問題が発生する危険があります。そうした問題が発生しない観察方法としては、いわば「無料のコンサルティングを行う」といった形式で、観察を行い、経営指導をするかわりに研究成果の公表許可を得るという方法があり得ます[5]。

4　こうした研究方法と参考文献については洞口・小池（2006）参照。

誰もが、言葉にはしないが、小さな日常のことに対する理論を持っています。ポランニー（1966）の言う暗黙知というのは、そうした側面を指しています。本章で言う経営理論とは、いままで言葉にされなかった職場での理論を、MBA 教育を受けた人たちが言語化していく過程を指しています。言い換えれば、職場に共有されている暗黙の理論を意識して、それを言語やデータによって説明できるようになることが MBA 教育の真価であるはずです。

　どのような領域で自分の理論をつくっていくか。これは職業選択と等しい課題です。自分の勤務する会社で、自分の勤務する会社のための理論を構築し、実践するのですから、ここには参与観察による研究が惹き起こすような職業人倫理の問題は発生しません。会社のためになる理論を発想し、それを仮説として設定したのちに、その検証を行うのです。ただし、ヨリ深く経営理論を探究しようとすればするほど、時間の制約にさらされることには注意が必要です。誰もが、さほど多くの理論を探究することはできないのです。自分の持ち時間に限界があることは意識しなければならないでしょう。それが専門性への要求につながり、専門家相互の信頼を要請するのです。

理想状態の設定

　自分の仕事に有益な経営理論をつくるためには、複雑な現実を単純化して考える必要があります。物理学では、真空、無重力、摩擦ゼロといった現実にはありえない条件を設定することで、数値計算を楽にしています。どのように単純化するかを学ぶには、過去につくりあげられてきた理論を理解する必要があるでしょう。単純化した要素によって、その要素相互の間の働きを理解する考え方のことを理論モデルといいます。理論モデルは、理科の実験装置に似ています。水が何度になったら沸騰するのかを測るために、フラスコに純水を入れ、アルコールランプで熱し、沸騰するときの温度を温度計ではかる、という作業をします。水が熱せられたときの温度を眼で見て測るこ

5　洞口（2001, 2002）が参与観察による研究を行った際には、マレーシアの現地企業経営者から参与観察とその研究成果の公表許可を得ることができました。

とはできませんから、温度計によってその高さを可視化します。

　自分の属する組織のなかで解決したい問題があるとすれば、まず、何を測定したいのか、を見定める必要があります。なるべく簡単に、かつ、継続的に測定可能な指標は何かを考え、工夫をしてデータを手に入れる必要があります。つまり、ある現象を測定する方法を見つけ出す必要があります。組織の課題を言葉にして説明することによって、測定対象が設定できます。たとえば、配送にかかる日数を減らす、という課題があるでしょう。あるいは、新商品の販売実績を伸ばす、という課題もあるかもしれません。顧客の満足度を上げる。CSR活動で社会貢献をする。これらは、典型的な目標管理で記載される目標の例でしょう。それらの課題を乗り越えていくために、どのような方法があるのか、を考えねばなりません。本章で述べている「自分でつくる経営理論」とは、そのプロセスを言語化する努力を指しています。

使い捨てるための仮説

　理論的な命題として「AならばBとなる」という関係性を導くことができたら、それを仮説として捉えて検証することを考えましょう。本書第7章で述べたとおり、仮説とは、「AならばBとなる」、という原因と結果を示す文言から成り立っています。つまり、理論的な命題と仮説とは「AならばBとなる」という文章の構造としては同じものです。

　第7章を復習しましょう。たとえば、私たちの日常生活で「土鍋で炊いた米ならば、おいしいごはんになる」という言明を考えてみましょう。この言葉が、すでに明確に理論としての地位を得ていれば理論的命題と呼ばれ、これから検証作業を行うのであれば仮説と呼ばれます。「摂氏2度に冷やしたビールは、おいしいビールになる」という言明も、検証作業を経ていれば理論的な命題であり、それをこれから行うのであれば、仮説です。科学の世界でこうした仮説が成立するかどうかを吟味しようとするときには、膨大なデータを必要とします。上記の仮説が「正しくない」と主張する別の科学者たちが表れて批判をする可能性があるのですから、多数の追検証を行い、正しい仮説とはなにかを検討しなければならないのです。本書第5章でも説明

しましたが、科学では、それを反証可能性といいます。

「土鍋で米を炊飯すれば、おいしいごはんになる」という仮説を反証するためには、どのような追検証が可能でしょうか。たとえば、土鍋以外の素材でつくられた鍋によって米を炊き、それらを多数の人に味見してもらい、土鍋で炊いたごはんとの味の違いがあるのかを検証する、という手続きが考えられます。鉄なべ、アルミなべ、ホーローなべ、電子レンジなど、土鍋以外の鍋などであっても、多くの人たちが「おいしい」と感ずるごはんを炊くことができたとすれば、「土鍋で米を炊飯すれば、おいしいごはんになる」という仮説は、部分的に否定されることになります。つまり、土鍋で炊いたごはんと同程度に、ホーロー鍋で炊いたごはんもおいしいものになる、といった事実が認識されます。

部分否定ではなく、完全否定を行おうとすれば、「土鍋で米を炊飯すれば、おいしいごはんになる」という仮説の否定、つまり、土鍋で炊飯した米を「まずい」と感ずる人たちを実験によって確認する作業が必要になるでしょう。

自分のための経営理論

仮説を検証し、スクラップ・アンド・ビルドを繰り返して、自分のための経営理論をつくりましょう。「土鍋で米を炊飯すれば、おいしいごはんになる」という仮説が実証されれば、それは新しい電気炊飯器の製品開発に結び付くかもしれませんし、あるいは、居酒屋チェーン店での新しいメニュー開発に結び付くかもしれません。

経営学における理論には、学者の名前がついていたり、戦略のイメージを喚起させる名称がついていたり、分析手法を象徴的に表現したものも多いのですが、それらの理論も、数ある理論のひとつにしかすぎません。そうした過去の理論は、「あなた」の勤めている会社には、たいして重要な示唆をもたらさない可能性が高いのです。

できあいの「理論」が書かれている本を本屋さんで買って、あたかも絆創膏を貼るように、その内容を自分の会社にペタッと貼ろうと考えるのは安直

です。なによりも、そうした行為が思考停止になっている可能性があります。自分の勤める会社のための理論は、自分で創り上げなければならないのです。誰もが試みていない実践を行う原理としての、自分のためだけの理論を手にしていなければ、自分の存在意義もなく、会社の利益にも貢献できないでしょう。

　うまくできあがった経営理論を公開する必要はありません。経営理論の場合には、その理論から利益を得られる場合も多いのですから、できあがった経営理論は「社内秘」ないしは「自分流のコツ」として秘密にしておくのが普通でしょう。自分と会社のために創り上げた経営理論を誰かに漏らせば、その人が利益を得ます。第三者が豊かになるのは悪いことではないでしょうが、自分の利益が減ってしまっては努力も水の泡です。

　それでも、自分のための経営理論の一部を公開したほうが良い場合もあるでしょう。その理由はいくつかありえます。まず、自分で考えているほどには、自分の作り上げた経営理論がたいしたものではない可能性が高いのです。すでに、誰かが同じ考え方を説明しているかもしれませんし、誰もが考えついていない理論を思いついたと思っていても、その理論が誰のためにもならず、誰にとっても関心がないことである、という可能性も高いのです。

身の回りの経営理論

　謙虚に考えればあたりまえのことですが、数多くの人にとって有効な理論を考えつける人は多くはないのです。誰にとっても重要な理論、つまり普遍的な理論を思いつくことが容易ではないことを理解した人が、次に、自分の身の回りのことに焦点をあてて、その狭い範囲で有効な理論をつくる、ということに努力するのです。この「狭い範囲」の設定が曲者です。ある人にとっては年収100万円をもたらすという「狭い範囲」で有効な経営理論をつくり、別の人は年収10億円となる経営理論をつくることになるのですが、その差は大きいのです。その差を生むのは理論づくりの方法です。何を観察するか、で問いも答えも異なってくるのです。

　職場でのデータ集めは、修士論文で行った孤独な戦いよりは、はるかに容

易なはずです。職場での「困りごと」には「あなた」以外の人たちにも共通に認識されているはずです。その「困りごと」の解決のために「あなた」の属するチームが優先して解決に取り組むことになるでしょう。

　新しいプロジェクトが開始されて、職場でプレゼンテーションをする機会を与えられたら、そこでは「あなた」のチームに必要な経営理論を積み上げているのだという意識を持つことが必要です。その理論の積み上げを行う方法とは、仮説を立て、その正しさを検証し、誤った仮説を捨てて、次のより正しい仮説を導く、という作業にほかなりません。つまりは、社会人MBAの課程で学んだ基礎を応用することが職場の「困りごと」の解決のために機能するのです。そうした成功事例が社内で認知されれば、次には、それらの成功事例を社内での研修や教育プログラムに利用する、といった課題が「あなた」を待っているはずです。そこでは「あなた」のつくりあげた経営理論が会社経営の指針となっていくのです。

　自分のための経営理論をつくる。そのプロセスはMBAへの入学時点からはじまっていたのです。MBAを獲得した「あなた」は、自分の仕事でその理論づくりの能力を発揮することでしょう。たんなる知識の応用ではなく、仮説の検証を繰り返すことが可能となっているはずです。検証作業に耐えることのできた仮説は、「あなた」のつくりあげた経営理論として、「あなた」とあなたの会社を助けていくはずです。

〈社会人大学院生のよく犯す間違い〉
① 経営理論は、どこかの「偉い人」がつくるものだと思っている。
② 会社での仕事に経営理論など必要なく、役にも立たないと思っている。
③ 自分は経営理論を考える「柄」（ガラ）ではないと思っている。
④ 仕事のコツと論理的思考と言語表現とが、バラバラな技能となっていて、相互に結びついていない。

〈仕事効率を高める考え方〉
① すでに「あなた」には、独自の仕事の進め方があり、効率的な仕事の仕方があります。経営理論を考える第一歩は、その仕事の進め方を言葉にしてみることです。

② 会社のなかの「困りごと」は、理論づくりを要請します。その「困りごと」を解決に導く仮説をつくり、その検証をしてみましょう。
③ 会社のなかのデータを冷静に集めて分析しましょう。会社のなかでデータ集めができる組織文化を育てましょう。
④ 成功事例、改善事例は、文書にして記録しましょう。そこで応用された考え方を理論的な命題として単純化し、文章にして整理しておきましょう。

あとがき

誤解されたMBAの役割

　十数年ほど前に、著名な経営者を大学院に招いて講演会を依頼したことがありました。その大学院では起業家教育を行って経営学修士（MBA）を与えることを目指していましたから、自社を世界的に有名なブランドに育てた高名な経営者を招いた講演会には、多数の学生がつめかけていました。その経営者の第一声は、
　「私が嫌いなのは、会社を立ち上げようとするときに、大学院に来てMBAをとってから起業しようとする人たちです。」
という発言でした。
　起業には大学院教育などは必要ない、という趣旨の発言です。MBAという訳のわからない資格に頼っている時点で、その人間にはすでにリーダーとしての気概が足りない、という趣旨の講演でした。学生たちは神妙に聞き入っていましたが、私は、内心「困ったものだなぁ」と感じたのを記憶しています。その発言のなかには、大学院教育への誤解が満ち満ちているように感じたからにほかなりません。
　それは、経営学への誤解の一例といってよいでしょう。MBAの取得は、何か特別な活動ではなく、誰にでも手の届く学位であることを忘れてはいけません。起業家になるかならないか、という人生の選択と、MBAをとるかとらないか、という人生の選択とに大きな関連はないことを上記の著名経営者は理解していなかったのでしょう。理解されるべきは、職場の「困りごと」を解決する理論づくりの能力をMBA取得のプロセスで身につけることが可能である、という事実なのです。

経営学説史の意義

　科学には、自然科学、社会科学、人文科学という大きな分類があり、日本人研究者は自然科学の分野では数多くのノーベル賞を受賞して輝かしい成果を収めてきました。人文科学のひとつである文学でもノーベル賞の受賞者がいます。社会科学は、法学、経済学、社会学、経営学、文化人類学といった学問領域から成り立っていますが、2016年までノーベル賞の受賞者はいません。日本では、社会科学のほとんどが海外からの輸入学問として紹介されてきたために、日本人研究者による独自の貢献が行われてこなかったということもできるでしょう。経済学や経営学の領域において、ノーベル賞が与えられるほど独創的な研究を日本人は行ってこなかったのです。

　経営学の歴史は、そう古いものではありません。経済学がアダム・スミスを始祖としているのと比較すると100年以上の差があります。テイラー、バーナード、サイモンといった学者たちが、工場経営を念頭におきながら近代組織論と呼ばれる体系を確立させていったのは、20世紀前半のことでした[1]。テイラー、バーナード、サイモンの翻訳や学説紹介をする日本人研究者はたくさんいます。ドラッカーやポーターなど、著名な経営学者の著作を翻訳した日本人がおり、さらには、彼らの著作を読んで自分流に解釈した結果を文章にまとめ、大学の教壇で講義する学者も多数います。複数の本を読み、論文や研究書にまとめるという作業は、いわば解釈学と言ってよいでしょう。

　解釈学とは、学説史研究として過去の文献解釈を専門に行う研究のことです。学説史研究も、英語の論文として発表されれば、海外の研究者による再検討が可能となり、解釈の幅や深さが広がるという可能性はあります[2]。し

1　学説史の理解のためには、洞口（1998）、洞口・行本（2012）を参照。
2　筆者自身も学説史の研究を海外の学術雑誌に発表したことがあります。英語圏で見落とされていたフランス語論文の存在を指摘した研究です。Horaguchi and Toyne（1990）をGoogle Scholar Citationsで検索すると1990年に同論文が公表されてのち100本以上の論文に引用されてきたことがわかります。

かし、解釈学の成果を日本語論文として発表している限りは、その解釈内容を理解できる研究者は限定されています。日本語論文では世界に対して情報を発信できていないのです。こうした日本人研究者の研究では、社会科学への貢献が大きなものとはみなされないのです。しかし、日本という島国では、西欧の学説解釈を日本語で講じていれば大学教授としての役割が果たせるかのような考え方が根強く存在しています。

集合知の再認識

　経営学は、実学であると言われていながら、学説解釈に偏重した学問である、という誤解が生まれています。筆者（Horaguchi, 2014）が研究してきた集合知の形成という意味からいえば、経営学に対する働きかけの方法が違っていたが故の誤解であったと言えます。学者が、本を読み、それを再解釈するという方法で経営学という学問が積み上げられてきたことによって誤解が累積してきた部分があるのです。

　本書が問いかけたのは、身の回りの経営理論を打ち立てるという課題を持った社会人MBA保持者の育成とその可能性の探求です。誰もが職場で実践し、その結果を文章にまとめ、会社に貢献する、というサイクルを加速させるための大学院教育の役割を説明することです。そこで積み上げられる知識は、解釈学ではなく、実践にもとづいた多数の人間の相互作用による集合知創造に裏づけられた理論なのです。

　そのような意味で、大学院教育そのものが集合知を導き出す糸口となっていることを示すのが本書の役割です。本書タイトルとサブタイトルは、その意図を明示しています。

〈謝辞〉
　本研究はJSPS科研費JP26245048の助成を受けたものです。また、本書出版にあたっては法政大学イノベーション・マネジメント研究センターの出版助成を受けました。記して感謝いたします。

〈参考文献〉

アレン，R.G.D.(1965)『経済研究者のための数学解析（上）（下）』高木秀玄訳、有斐閣（Allen, R. G. D. (2011) *Mathematical Analysis for Economists*, Nabu Press. 初版は1964年。）
囲岡高宏（2008）「数学的知識とその表現方法についての一考察—アリストテレスの三段論法を事例として—」『日本教科教育学会誌』第31巻第2号、57-63頁。
岩崎民平・小稲義男監修（1979）『新英和中辞典』第4版、研究社。
岩田暁一（1983）『経済分析のための統計的方法』第2版、東洋経済新報社。
大木清弘（2016）「筋が悪いリサーチクエスチョンとは何か？—経営学分野の学術論文作成のための手引き—」『赤門マネジメント・レビュー』第15巻第10号、509-521頁。
押川元重・阪口紘治（1989）『基礎統計学』培風館。
尾高煌之助・松島茂編著（2013）『幻の産業政策機振法—実証分析とオーラル・ヒストリーによる解明—』日本経済新聞社。
カー、E.H.(1962)『歴史とは何か』清水幾太郎訳、岩波新書。
楫西光速・加藤俊彦・大島清・大内力（1954）『日本資本主義の成立Ⅰ—双書　日本における資本主義の発達1—』東京大学出版会。
鎌田慧（1983）『自動車絶望工場—ある季節工の日記—』講談社文庫。
木下是雄（1981）『理科系の作文技術』中公文庫。
小池和男・洞口治夫共編著（2006）『経営学のフィールド・リサーチ—「現場の達人」の実践的調査手法—』日本経済新聞社。
佐藤郁也（2006）『フィールドワーク　増補版—書を持って街へ出よう—』新曜社。
セン、アマルティア（2000）『集合的選択と社会的厚生』志田基与師監訳、勁草書房。
ダーウィン、チャールズ（1959）『ビーグル号航海記（上）（中）（下）』島地威雄訳、岩波書店。
チャン、A.C.、ウエインライト、K.（2010）『現代経済学の数学基礎（上）（下）』大住栄治・小田正雄・高森寛・堀江義訳、第4版、シーエーピー出版。
竹内昭（1976）「推理の形式—三段論法の妥当な形式とその基本について—」『法政大学教養部紀要』1976年4月号、法政大学教養部。
中山幹夫（1997）『はじめてのゲーム理論』有斐閣。
パース、C.S.(1980)「第四章　人間記号論の試み」パース、ジェームス、デューイ『パース、ジェームス、デューイ』上山春平編集、中央公論社。
パース、C.S.(2001)『連続性の哲学』伊藤邦武編訳、岩波文庫。
ピーターセン、マーク（1988）『日本人の英語』岩波新書。
久武雅夫（1970）『新版　経済学研究者のための数学入門』春秋社。
プラトン（1979）『国家（上）（下）』藤沢令夫訳、岩波文庫。
プラトン（1994）『メノン』藤沢令夫訳、岩波文庫。
ホーエル、P.G.(1981)『初等統計学』浅井晃・村上正康訳、培風館。
ポパー、カール・R.(1961)『歴史主義の貧困』久野収・市井三郎訳、中央公論社。
洞口治夫（1986）「アジアにおける日系進出企業の撤退、1971〜84年」『アジア経済』第27巻第3号、46-71頁。
洞口治夫（1992）『日本企業の海外直接投資—アジアへの進出と撤退—』東京大学出版会。

〈参考文献〉

洞口治夫（1998）「二つの社会科学の20世紀―経営学と経済学―」『社會科學研究』（東京大学社会科学研究所）第50巻第1号、3-28頁。
洞口治夫（2001）「加工組立型産業における金型交換時間の観察―国際ビジネス研究における新たな事例分析方法の探求―」『国際ビジネス研究学会年報―日本企業と国際的再編―』第8号、57-68頁。
洞口治夫（2002）『グローバリズムと日本企業―組織としての多国籍企業―』東京大学出版会。
洞口治夫編著（2008）『ファカルティ・ディベロップメント―学部ゼミナール編―』白桃書房。
洞口治夫（2009）『集合知の経営―日本企業の知識管理戦略―』文眞堂。
洞口治夫（2010）「中小企業の経営戦略―片利共生と非対称な競争―」『商工金融』第60巻第6号、5-24頁。
洞口治夫（2013）『集合性知識的経営―日本企業的知識管理戦略―』胡欣欣・劉軒監訳、北京：世界知識出版社。
洞口治夫（2014）「中小企業の知識経営戦略―企業の成功とプロデュースする経営者―」『商工金融』第64巻第9号、4-24頁。
洞口治夫（2016）「日本におけるイノベーション政策と産学官連携―「知的クラスター創成事業」の軌跡と教訓―」『イノベーション・マネジメント』第13号、47-68頁。
洞口治夫・行本勢基（2012）『入門経営学―はじめて学ぶ人のために―』第2版、同友館。
洞口治夫・行本勢基・児玉靖司（2015）「国際インターンシップと英語プレゼンテーション能力の育成―マレーシアの工場における実験と経験―」『イノベーション・マネジメント』第12号、175-200頁。
ポパー、カール・R.(1995)『確定性の世界』田島裕訳、信山社。
ポランニー、マイケル（1966）『暗黙知の次元―言語から非言語へ―』佐藤敬三訳、紀伊国屋書店、1980年。同・高橋勇夫訳、ちくま学芸文庫、2003年。(Polanyi, Michael. *The Tacit Dimension*, Glowcester Mass: Peter Smith, 1966, reprinted by Doubleday & Company, 1983.)
松島茂・尾高煌之助編（2007）『熊本祐三　オーラル・ヒストリー』法政大学イノベーション・マネジメント研究センター、ワーキングペーパー、No.27、1-272頁。
マリノフスキー、レヴィ・ストロース（1980）『中公バックス　世界の名著71　マリノフスキー、レヴィ・ストロース』責任編集・泉靖一、中央公論社。
三品和広（2004）『戦略不全の論理―慢性的な低収益の病からどう抜け出すか―』東洋経済新報社。
矢野健太郎・高橋正明（1990）『モノグラフ複素数（改訂版）』科学新興新社。

Bolisani, Ettore. and Bratianu, Constantin. (2017) "Knowledge strategy planning: An integrated approach to manage uncertainty, turbulence, and dynamics," *Journal of Knowledge Management*, vol.21, no.2, pp.233-253.
D'Anna, Catherine A., Zechmeister, Eugene B., and Hall, James W. (1991) "Toward a meaningful definition of vocabulary size," *Journal of Literacy Research*, vol.23, no.1, pp.109-122.
Eisenhardt, Kathleen M. (1989) "Building theories from case study research," *Academy of Management Review*, vol.14, no.4, pp.532-550.
Eisenhardt, Kathleen M. and Graebner, Melissa E. (2007) "Theory building from cases: Opportunities and challenges," *Academy of Management Journal*, vol.50, no.1, pp.25-32.
Fayoumi, Amjad. (2016) "Ecosystem-inspired enterprise modelling framework for collaborative and networked manufacturing systems," *Computers in Industry*, vol. 80, pp.54-68.
Grant, Adam M. and Pollock, Timothy G. (2011) "Publishing in AMJ-Part 3: Setting the hook," *Academy of Management Journal*, vol. 54, no. 5, pp.873-879.

〈参考文献〉

Horaguchi, Haruo H. (2013a) "The aircraft industry in Japan: Niche construction and patent portfolio strategy," *Journal of Modern Accounting and Auditing*, vol.9, no.7, pp.908-921.

Horaguchi, Haruo H. (2013b) "Hardy-Weinberg equilibrium and mixed strategy equilibrium in game theory," *Theoretical Economics Letters*, vol.3, no.2, pp.85-89.

Horaguchi, Haruo H. (2014) *Collective Knowledge Management: Foundations of International Business in the Age of Intellectual Capitalism*, Cheltenham, U.K.: Edward Elgar.

Horaguchi, Haruo H. (2016) "Decoding symbiotic endogeneity: The stochastic input-output analysis of university-business-government alliances," *Triple Helix: A Journal of University-Industry-Government Innovation and Entrepreneurship*, vol.3, no.1 (13), pp.1-25.

Horaguchi, Haruo., and Toyne, Brian (1990) "Setting the Record Straight: Hymer, Internalization Theory and Transaction Cost Economics," *Journal of International Business Studies*, vol.21, No.3, pp.487-494.

Levi, Daniel. (2014) *Group Dynamics for Teams*, 4th edition, Los Angeles, U.S.A: Sage Publications, Inc.

Roach, Peter. (2009) *English Phonetics and Phonology: A Practical Course*, 4th edition, Cambridge: Cambridge University Press.

Robinson, Joan. (1962) *Economic Philosophy*, Middlesex, England: Penguin Books.

Simon, C. P. and Blume L. (1994) *Mathematics for Economists*, New York: W. W. Norton & Co Inc.

索　引

アルファベット

ABS　38, 49
Academic Journal Guide　38, 49
AI　144
AIB　44-45
AOM　44-45
CEO　98
CiNii　18, 33-34, 39
competitive paper　47-48
CSR　66, 145
　　――活動　168
EDINET　67
EOL　67
Erratum　33
Google Scholar　36-37, 39, 49
　　―― Citations　49, 125
interactive paper　47-48
M&A　105-106
MBA　1-4, 7, 17, 21, 55-56, 71, 112, 136, 153, 155, 159-160, 167, 171, 173, 175
net contribution（有意義な学問的貢献）　120
panel　47
plenary　47
Retraction　33
SMS　44-45
TのL化　131, 133
YouTube　133, 136-137

ア行

アカデミック・ライティング　71-72
アクション・リサーチ　65-66
アシミレーション　127, 130-131, 133, 136
アブダクション　92
アリストテレス　72, 86
アリバイ　81-82, 84, 86
アンケート　61, 66
　　――調査　61-63, 66
暗黙知　167
暗黙の戦略（tacit strategy）　162
暗黙の理論　167
イエール大学　133
意見と事実　81
意思決定　140, 151
一次資料　66-67
イノベーション　33, 37
インターネット　110
インタビュー　59-60, 121, 124
　　――イー　58, 60-61
　　――調査　58, 66, 121, 166
　　――ワー　58
引用元　36-37, 49
ウォルターズ・クルワー　36
後ろ向き帰納法　80-81, 96
売上総利益　98
営業利益　98
エリジョン　127-130, 133, 136
エルゼビア　36
演繹　75-76, 81, 96
　　――的な考え方　77
　　――的な推論　76
演算　76
オーラル・ヒストリー　59
オブジェクト・ベースド・ラーニング　135-136
思わざる発見　120
音声学　126
オンデマンドの講座　136
音読　126

カ行

会計　39, 136
　　――基準　98
解釈学　174-175
概念　57-58, 146-147
学術研究データベース　50
仮説　87, 89-103, 119, 168-169, 171
　　――思考　159

──の検証　171
価値　164
カット・アンド・ペースト　110, 122
株主総会　158-159
含意　120
官公庁データ　67
間接話法　147
記憶力　152
起業　173
記号　76
記述統計　69
起承転結　71
帰納　77, 81, 96
──法　77-78, 80
帰無仮説　69, 99-100
脚注　121
休暇　68
クラス・パティシペーション　20-21, 27, 30
グループワーク　28-29, 140-141, 149, 154
クローズド・キャプション　137
経営学　174-175
経営史　155
経営戦略　39, 136, 140, 155, 161-162
経営組織　155
経営理論　159-160, 162-163, 167, 169-171
経験則　75, 93-94, 100
経常利益　98, 109
啓蒙書　18
ケース　22-26
──メソッド　25, 27
ゲーム理論　78
結論　86-87
原因　146-147
研究計画書　4, 5
研究の限界　120
言語化　167
現象　146-147
語彙　147
項　113-114
孔子　72
口頭試問　104
効用　164
コーセラ　136
コーポレート・ガバナンス　23

顧客の満足度　168
国際経営　39, 155
──論　124
国際ビジネス研究学会　41-42
誤字脱字　142
困りごと　171-172
コミュニケーション　134
コンサルタント　65
コンピューター・シミュレーション　108

サ行

サーベイ　116, 119
財務　136
査読付きの学術雑誌　121
産学官連携　8
産業分類　74
参考文献　122
三段論法　81, 86-90, 96
参与観察　64-66
事業部制　158
自己顕示欲　147
自己資本　99
自己組織化　7-8
事実と意見　72
自然科学　174
自然数　81
質疑応答　104
実証研究　54-58, 92-93, 99, 119-120
十進法　76
自分流のコツ　170
志望理由書　2-5
社会科学　143, 147, 174
シャドウイング　137
社内公用語　125
社内秘　170
集合知　7-8, 175
修士課程　10-11, 14, 16, 36, 50, 56, 91, 104-105, 112, 156-157
従属変数　97
集団安全保障　79
──条約　79
──のパラドックス　78
十分条件　88-90, 96
授業参加　20, 139-141, 149

索　引　181

主張　72-73
シュプリンガー　36
純資産　99
章　112-114
小論文　104-105
シラバス　138
シンキング・ゲーム　155
人口知能　144
人事慣行　159
人的資源管理　39, 155
人文科学　174
信頼　164
推測統計　69
数学的帰納法　78, 80-81, 96
スカイプ　136
スクラップ・アンド・ビルド　169
成功事例　171
生産管理　155
整数　81
税引後当期純利益　98
税引前当期純利益　98, 109
セグメント　92
節　113-114
説明変数　97
狭い範囲　170
専門的知識　13
総資産　99
創発　7-8
損益計算書　98

タ行

大学設置基準　11
貸借対照表　98
大前提　86-90, 95-96
択一式の回答　152
タックス・ヘイブン　108-109
単独決算　99
段落　112, 114
チーム・ビルディング　153, 159
知識欲　12-14
　　──の管理　10, 105
中前提　86-87, 89-90
長期　98
直接話法　147
追検証　92
定性的研究　57
定量的研究　57, 69
データ収集　46
データ分析　46
テキスト・マイニング　78
同化　130
統計的検定　69
独立変数　97
取締役　158
　　──会　158-159

ナ行

二次資料　66-67
二進法　76
日経NEEDSフィナンシャル・クエスト　67
日本経営学会　41-42
日本経済学会　41-42
日本経済政策学会　41-42
日本資本主義論争　117-118
日本ベンチャー学会　41-42
能力構築能力　153

ハ行

背理法　81-84, 86-87, 96
博士課程　1, 70
派遣留学　125
パネル・ディスカッション　47
パラドックス　81, 84-87, 96
反証可能性　54-55, 101
反論　73, 101
ピア・レビュー　123
被説明変数　97
必要条件　88-89, 96
　　──と十分条件　81, 88, 96
部　112-113
ファイナンス　39, 155
不確実な未来　154
普遍的な理論　170
プラトン　72, 86, 90
プレゼンテーション　28-29, 31, 104, 140-141, 171
文献サーベイ　46
分類　74-75

――と類推　73, 81
編　112-113
ベンチャービジネス　92
法則　93-97, 102
――と経験則　96
ボキャブラリー　134
ポジショニング　92

マ行

マーケティング　39, 92, 117, 136, 140, 155
密着取材　64
ムークス　136
無理数　81-83
命題　94-100
目には見えないもの　32
孟子　72
モチベーション　166
ものの見方　32

ヤ行

有価証券報告書　27, 106
有理数　81-84

ラ行

リーダー　154

――シップ　154, 164
リエゾン　127-129
リサーチ・クエスチョン　115-116, 121
リサーチ・ペーパー　60-61, 111-122, 149, 151
履修要綱　138-139
リッカート・スケール　61
リトロダクション　92
履歴書　2, 4-5
理論研究　54-55, 92, 119-120
理論づくり　21, 160, 170-171
理論的な命題　95, 168
リンキング　127-130, 133, 136-137
類推　74-75
ルーティンワーク　156
レポート　104-105
連結決算　99
ローマ字読み　132
ロジカル・シンキング　71-72, 90, 118
論文検索サイト　18
論理的思考能力　109, 159

ワ行

ワイリー・ブラックウェル　36

著者紹介

洞口治夫（ほらぐち　はるお）

現職・法政大学経営学部教授。

著者略歴・東京大学大学院経済学研究科応用経済学専攻博士課程修了（経済学博士）。法政大学経営学部専任講師、助教授、アメリカ・ハーバード大学経済学部客員研究員（フルブライト若手研究員プログラム）、フランス国立リヨン第二大学経済学部招聘客員教授等を経て法政大学経営学部教授。筑波大学大学院、筑波大学第三学群社会工学類、東京大学経済学部、中央大学大学院などで非常勤講師（国際経営論担当）、ワシントン大学ヘンリー・M・ジャクソン・スクール・オブ・インターナショナル・スタディーズ学部客員研究員。2013年度より放送大学教養学部客員教授（国際経営担当）を併任。

主著・『日本企業の海外直接投資―アジアへの進出と撤退―』東京大学出版会、1992年6月。(1992年度第35回日経・経済図書文化賞受賞)
『グローバリズムと日本企業―組織としての多国籍企業―』東京大学出版会、2002年1月。(2002年度第9回国際ビジネス研究学会賞受賞)
『集合知の経営―日本企業の知識管理戦略―』文眞堂、2009年10月。
『入門　経営学（第2版）』、行本勢基との共著、同友館、2012年4月。
『新訂　国際経営』、原田順子との共編著、放送大学教育振興会、2013年3月。
Collective Knowledge Management: Foundations of International Business in the Age of Intellectual Capitalism, (New Horizons in International Business Series), Edward Elgar Publishing Ltd., April, 2014.

法政大学イノベーション・マネジメント研究センター叢書16

MBAのナレッジ・マネジメント
―集合知創造の現場としての社会人大学院―

2018年2月1日　第1版第1刷発行　　　　　　　検印省略

著　者　　洞　口　治　夫

発行者　　前　野　　　隆

発行所　　東京都新宿区早稲田鶴巻町533
　　　　　株式会社 文　眞　堂
　　　　　電話 03 (3202) 8480
　　　　　FAX 03 (3203) 2638
　　　　　http://www.bunshin-do.co.jp
　　　　　郵便番号(162-0041) 振替00120-2-96437

印刷・モリモト印刷　　製本・イマヰ製本所
© Haruo Horaguchi 2018
定価はカバー裏に表示してあります
ISBN978-4-8309-4969-2　C3034

〈好評既刊〉

集合知の経営
――日本企業の知識管理戦略――

洞口治夫 著

ISBN978-4-8309-4652-3／C3034／A5判／289頁／定価3200円＋税／2009年10月発行

ナレッジ・マネジメントから生まれる骨太の経営戦略！

「誰もが解けない問題であれば，その問題は解決不可能であり，誰にも解ける問題であれば，その問題は問題として存在していない。」プラトンが『メノン』で提起した逆説を解き明かす鍵が集合知にある。企業経営で「誰もが解けない問題」をどう解くか。大不況時代を克服する戦略の書。

【主要目次】

序　章　経営における知識と能力
第1章　集合戦略と集合知
第2章　共　有　知
第3章　共　生　知
　補論　コーディネーションに関するアンケート調査の分析
第4章　現場の知
第5章　コモンナレッジ
　補論　ロジスティック曲線の導出
第6章　集合知と集合戦略の拡張可能性
補論・第7章　知識のコラボレーションとクラスターの創生